Dragon Age The Veilguard Spielanleitung

Werde zur Legende in Thedas

Emma O. James

Copyright © 2024 von Adams O. Pete

Alle Rechte vorbehalten.

Kein Teil dieser Veröffentlichung darf ohne vorherige schriftliche Genehmigung des Herausgebers in irgendeiner Form oder mit irgendwelchen Mitteln, einschließlich Fotokopieren, Aufzeichnen oder anderen elektronischen oder mechanischen Methoden, vervielfältigt, verteilt oder übertragen werden, es sei denn, es handelt sich um kurze Zitate, die in kritischen Rezensionen enthalten sind, und bestimmte andere nicht-kommerzielle Nutzungen, die nach dem Urheberrecht zulässig sind. Für Berechtigungsanfragen wenden Sie sich bitte an den Herausgeber unter der unten angegebenen Adresse.

Verzichtserklärung

Dieser Leitfaden ist eine unabhängige Veröffentlichung und steht nicht in Verbindung mit BioWare, Electronic Arts oder anderen verbundenen Unternehmen, wird von diesen unterstützt, gesponsert oder genehmigt. Alle Spielinhalte, Bilder und Charaktere, die in diesem Leitfaden besprochen werden, sind Eigentum ihrer jeweiligen Eigentümer. *Dragon Age: The Veilguard* und zugehörige Namen, Logos und Eigentum sind Marken oder eingetragene Marken von BioWare und Electronic Arts.

Die in diesem Buch enthaltenen Informationen dienen nur zu Informations- und Unterhaltungszwecken. Es wurden alle Anstrengungen unternommen, um die Richtigkeit des Inhalts zum Zeitpunkt der Veröffentlichung zu gewährleisten. Der Autor übernimmt jedoch keine Verantwortung für Fehler oder Auslassungen. Spielmechaniken, Spielinhalte und Updates können sich im Laufe der Zeit ändern, und die Leser werden aufgefordert, offizielle Quellen zu konsultieren, um die aktuellsten Informationen zu erhalten.

Dieser Leitfaden soll keine Urheberrechte, Marken oder Rechte an geistigem Eigentum verletzen. Verweise auf Produkte, Dienstleistungen oder Marken von Drittanbietern dienen nur zur Veranschaulichung und implizieren keine Billigung, Zugehörigkeit oder Sponsoring, es sei denn, dies wird ausdrücklich angegeben.

Der Autor und Herausgeber lehnen jegliche Haftung für Ergebnisse oder Folgen ab, die sich aus der Verwendung oder dem Missbrauch der in diesem Buch bereitgestellten Informationen ergeben. Alle Leser sind für ihre eigenen Handlungen und Entscheidungen verantwortlich, während sie *Dragon Age: The Veilguard* oder verwandte Inhalte spielen.

Inhaltsverzeichnis

Verzichtserklärung 3

EINFÜHRUNG IN DRAGON AGE: THE VEILGUARD 9

KAPITEL 1 19

Erste Schritte: Grundlegende Tipps für neue Spieler 19
   Unverzichtbare Starttipps *19*
   Navigieren in der Spielwelt *23*
   Wichtige Entscheidungen zu Beginn des Spiels *25*
   So speicherst du dein Spiel und verwaltest den Fortschritt.27

KAPITEL 2 30

Charaktererstellung und -anpassung 30
   Rassenauswahl: Elf, Qunari, Mensch, Zwerg *30*
   Klassenübersicht: Krieger, Magier, Schurke *33*
   Spezialisierungen für jede Klasse *35*
   Fraktionsauswahl und Hintergrundgeschichten *38*
   Die beste Klasse für deinen Spielstil auswählen *42*

KAPITEL 3 45

Kampfmechanik 45
   Kampfübersicht: Grundlagen und fortgeschrittene
   Techniken *45*
   Meistern von Fähigkeiten, Kombos und Angriffen *48*
   Gefährtenkämpfe und Synergie *50*
   Verwalten von Ressourcen: Wut, Mana und Gesundheit *52*
   Statuseffekte und Verbesserungen im Kampf *54*
   Bosskämpfe: Strategien, um wichtige Feinde zu besiegen ... *56*
   Erkundung und die Welt von Thedas *59*
   Geheimnisse und Sammlerstücke: So finden Sie versteckte
   Gegenstände *64*
   Gefährten: Aufbau von Beziehungen und Romanzen *70*

    Überblick über das Companion System 71
    Wie du deine Gruppe rekrutierst und aufbaust 72
    Entwicklung von Romanzen: Eine Schritt-für-Schritt-
    Anleitung 77
    Verwalten von Genehmigung und Ablehnung: Tipps für den
    Erfolg 82

KAPITEL 4 .... **85**

  Fraktionen und Ruf 85
    Einführung in die Fraktionen und ihre Bedeutung 85
    Wie Fraktionen dein Gameplay beeinflussen 88
    Die besten Fraktionen, mit denen du dich je nach Spielstil
    verbünden kannst 91

KAPITEL 5 .... **100**

  Funktionsweise von Fertigkeitsbäumen: Ein Leitfaden zum
  Aufleveln 100
    Kernkompetenzen vs. spezialisierte Fähigkeiten 101
    Die besten Builds für jede Klasse 104
    Tipps für die effiziente Verteilung von Fertigkeitspunkten
    112

KAPITEL 6 .... **116**

  Gegenstände und Herstellung in Dragon Age: Die
  Schleierwache 116
    Übersicht über Waffen, Rüstungen und Ausrüstung 117
    Die Seltenheit von Ausrüstung verstehen (Gewöhnlich,
    Ungewöhnlich, Selten) 120
    Crafting-System: Wie du deine Ausrüstung aufrüstest und
    verbesserst 123
    Wie sich der Ruf der Fraktion auf Ausrüstung und Handwerk
    auswirkt 127
    Sammeln und Verwenden von Handwerksmaterialien 129

KAPITEL 7 .... **134**

STORY-KOMPLETTLÖSUNG FÜR DRAGON AGE: THE VEILGUARD 134
- *Akt 1: Wichtige Ereignisse und Entscheidungen*.....................*135*
- *Wichtige Entscheidungen und ihre Folgen*..............................*137*
- *Verzweigte Handlungsstränge: Wie man verschiedene Wege navigiert*..*139*
- *Bosskämpfe und Schlüsselkämpfe in jedem Akt*.....................*142*

KAPITEL 8 .... **145**

HÄUFIG GESTELLTE FRAGEN (FAQ) 145
- *1. Was ist die beste Klasse, die ich wählen kann?*..................*145*
- *Welche Klasse soll ich wählen?*...*147*

KAPITEL 9 .... **159**

TROPHÄEN UND ERFOLGE GUIDE FÜR DRAGON AGE: THE VEILGUARD 159
- *Vollständige Liste aller Trophäen und Erfolge*........................*159*
- *So verdienst du die Platin-Trophäe*...*163*

KAPITEL 10 .... **168**

GEHEIME TROPHÄEN UND WIE MAN SIE FREISCHALTET 168
- *Systemvoraussetzungen und Spieleinstellungen für Dragon Age: The Veilguard*..*171*
- *Minimale und empfohlene PC-Spezifikationen*.......................*172*
- *Grafikeinstellungen für optimierte Leistung*...........................*174*

KAPITEL 10 .... **180**

KONSOLENEINSTELLUNGEN (PS5, XBOX SERIES X) 180
- *Anpassen der Schwierigkeits- und Barrierefreiheitsoptionen* *182*

KAPITEL 11 .... **187**

pg. 7

Post-Launch-Inhalte und Updates für Dragon Age: The Veilguard 187
   Kommende DLCs und Erweiterungen 188
   Kostenlose Updates und Community-Mods 192
   Multiplayer- oder Koop-Funktionen (falls verfügbar) 196

SCHLUSSFOLGERUNG **201**
   Abschließende Tipps und fortgeschrittene Strategien für Dragon Age: The Veilguard 201
   Fortgeschrittene Charakter-Builds 207
   Das Endgame meistern: Wie man die letzten Missionen meistert 211
   Langfristige Strategien für mehrere Durchläufe 214
   Schlussfolgerung 216

BONUS-INHALTE **218**
   Bonusquests und Hidden Secrets-Bereich für Dragon Age: The Veilguard 218
   Versteckte Orte 218
   Geheime Quests 222
   Exklusive Ostereier 226
   Besondere Erfolge und Trophäen-Herausforderungen für Dragon Age: The Veilguard 231
   Speedrun-Anleitung 231
   Herausforderungsläufe 238
   Zusätzliche Ideen für selbst gestellte Herausforderungen 244
   Endgame-Strategien und Postgame-Inhalte für Dragon Age: The Veilguard 248
   Endgame-Builds: Maximierung des Charakterpotenzials .249
   Leitfaden für den Wiederspielwert: Optimieren mehrerer Durchläufe 258

Einführung in Dragon Age: The Veilguard

Überblick über das Spiel

Als lebenslanger Fan der *Dragon* Age-Reihe war ich schon immer fasziniert von der reichhaltigen Weltengestaltung, den unvergesslichen Charakteren und der moralischen Komplexität, die in die Handlungsstränge eingewoben ist. Egal, ob es darum geht, die Grauen Wächter gegen die Verderbnis zu führen oder sich in den politischen Netzen von Orlais zurechtzufinden, jedes *Dragon* Age-Spiel bietet ein einzigartiges Erlebnis, das noch lange nach dem Abspann in Erinnerung bleibt. Als *Dragon Age: The Veilguard angekündigt* wurde, konnte ich es kaum erwarten, einzutauchen und zu sehen, wohin BioWare uns als nächstes führen würde.

Dieser Leitfaden ist nicht nur eine exemplarische Vorgehensweise – er ist ein Begleiter für deine Reise durch *The Veilguard*, erstellt von jemandem, der unzählige Stunden damit verbracht hat, die Feinheiten von Thedas zu meistern. Vom Verständnis komplexer Mechaniken bis hin zu den herzzerreißenden Entscheidungen, die die Serie ausmachen, bin ich hier, um dir bei jedem Schritt zu helfen.

Dragon Age: The Veilguard setzt das Vermächtnis seiner Vorgänger fort und führt gleichzeitig aufregende neue Elemente ein, um sowohl erfahrene Fans als auch Neueinsteiger bei der Stange zu halten. Du schlüpfst in die Fußstapfen von **Rook**, einem neuen Protagonisten, während du das Land von Thedas durchquerst und dich uralten Göttern stellst, während du dich auf dem schmalen Grat zwischen der physischen Welt und dem mysteriösen Reich des Nichts bewegst. Wie bei jedem großartigen RPG wirken sich die Entscheidungen, die du triffst, durch das Spiel und prägen nicht nur deine Geschichte, sondern auch das Schicksal aller um dich herum.

Handlung: Zwischen Thedas und dem Nichts

Das Spiel beginnt mit Solas, dem berüchtigten Schreckenswolf, der versucht, genau den Schleier niederzureißen, der die magische und gefährliche Welt des Nichts von Thedas getrennt hat. Wenn du *Inquisition* gespielt hast, weißt du, wie hoch der Einsatz ist, wenn Solas involviert ist. Aber was ich an *The Veilguard besonders faszinierend finde* , ist, dass es kein einfaches Bild von Gut gegen Böse zeichnet. Stattdessen wirst du in eine moralische Grauzone geworfen, in der sich selbst deine Siege bittersüß anfühlen können.

Als Turm bist du der Joker in diesem Kampf und trittst gegen zwei neu veröffentlichte uralte Götter an – Elgar'nan und Ghilan'nain –, während Solas in einer unerwarteten Wendung sowohl als dein Gegner als auch als widerwilliger Verbündeter dient. Was diese Geschichte für mich so fesselnd macht, ist das Gewicht deiner Entscheidungen und die Unvorhersehbarkeit ihrer Ergebnisse. Das ist *Dragon*

Age von seiner besten Seite – es fordert deine Perspektive auf Schritt und Tritt heraus.

Sie reisen durch Thedas, vom wunderschönen und doch unheimlichen **Arlathan-Wald**, in dem Magie in der Luft hängt, bis zu den belebten Straßen von **Treviso**, die voller Intrigen und versteckter Gefahren sind. Die Welt fühlt sich lebendiger an als je zuvor, und deine Handlungen werden bei den Menschen und Orten, denen du begegnest, spürbare Spuren hinterlassen.

Hauptfiguren und ihre Rollen in der Geschichte

Das Herzstück von *Dragon Age* sind seine Charaktere – Menschen, mit denen man lacht, mit denen man streitet und sich manchmal, wenn man seine Karten richtig ausspielt, in sie verliebt. Hier sind einige, die Sie im Auge behalten sollten:

- **Rook**: Das ist deine Geschichte, und Rook ist derjenige, den du entscheidest, dass er sein sollte. Aber im Gegensatz zum Wächter,

Hawke oder dem Inquisitor ist Rook nicht vom Schicksal auserwählt – sie sind ein rauflustiger Überlebender, der kein anderes Schicksal hat als das, das du dir auswünschst. Ich persönlich finde es toll, dass man dadurch mehr Freiheit hat, wie man das Spiel angeht. Deine Entscheidungen, deine Fraktion und dein Hintergrund bestimmen, wer Rook wird und wie die Welt darauf reagiert.

- **Solas (Der Schreckenswolf)**: Wenn du dich mit der Geschichte beschäftigt hast, weißt du, dass Solas einer der komplexesten und polarisierendsten Charaktere im *Dragon Age-Universum* ist . In "The Veilguard" ist er nicht nur der Bösewicht – er ist noch mehr. Als jemand, der Jahre damit verbracht hat, seine Motive zu analysieren, kann ich sagen, dass Sie einige wirklich faszinierende Interaktionen mit Solas erleben werden, während Sie versuchen, seine wahren Absichten zusammenzusetzen.

- **Bellara**: Bellara ist eine meiner persönlichen Lieblingsgefährtinnen, eine Magierin mit tiefer Bindung an die uralte Magie, die für eure Reise von entscheidender Bedeutung sein wird. Sie hat die perfekte Mischung aus mächtigen Fähigkeiten und einer faszinierenden Hintergrundgeschichte, die sie sowohl im Kampf als auch in der Geschichte unverzichtbar macht. Wenn du deine Karten richtig ausspielst, kann sie eine deiner stärksten Verbündeten werden.
- **Neve**: Neves Fähigkeiten, die Zeit zu manipulieren, verleihen dem Kampf eine völlig neue Ebene, aber sie ist mehr als nur ein wertvolles Teammitglied. Als jemand, der schon immer einen Schurken-Build bevorzugt hat, fand ich, dass sie eine großartige Ergänzung zu meinem Spielstil ist, und ihr Geplänkel macht sie zu einer unterhaltsamen Bereicherung für jede Party.

- **Varric Tethras**: Kein *Dragon* Age-Spiel würde sich komplett anfühlen ohne unseren Lieblingszwergen-Geschichtenerzähler Varric. Seine Schlagfertigkeit und Loyalität bringen ein Gefühl der Kontinuität in das Spiel, besonders wenn man die vorherigen Einträge durchgespielt hat.

Hauptmerkmale von *The Veilguard*

Es gibt ein paar Dinge, die *Dragon Age: The Veilguard* wirklich auszeichnen, sowohl für langjährige Fans als auch für Neulinge:

- **Missionbasierte Erkundung**: Während *wir bei Inquisition* eine riesige offene Welt durchstreiften, *verfolgt The Veilguard* einen fokussierteren, missionsbasierten Ansatz. Für mich fühlte es sich wie eine Rückkehr zum strukturierteren, aber immer noch reichhaltigeren Design von *Dragon Age II an*, aber mit der weitläufigen Welt und den vielfältigen Umgebungen von *Inquisition*. Es ist die perfekte Balance zwischen Erkundung und erzählerischem Antrieb.

- **Tiefgreifende Charakteranpassung**: Eines der Dinge, die ich an RPGs am meisten liebe, ist die Möglichkeit, den Charakter wirklich zu seinem eigenen zu machen. In *The Veilguard* wählst du nicht nur zwischen den Klassen – du baust eine Version von Rook, die deinen Spielstil, deinen Hintergrund und deine Werte widerspiegelt. Egal, ob du deinen Hüter neu erschaffen oder mit einem völlig neuen Helden neu anfangen möchtest, die Möglichkeiten sind hier vielfältiger als je zuvor.
- **Gefährtensystem und Romanzen**: Für mich sind die Beziehungen, die man zu seinen Gefährten aufbaut, das, was *Dragon Age-Spiele* unvergesslich macht. In *The Veilguard* wird dies auf die nächste Stufe gehoben, mit detaillierteren Genehmigungssystemen und Romantikoptionen, die sich organisch und wirkungsvoll anfühlen. Egal, ob du dich in

Freundschaften oder Romanzen bewegst, deine Entscheidungen werden dauerhafte Konsequenzen haben.

- **Weiterentwickelte Kampfmechaniken**: Die Kämpfe sind dynamischer und actionorientierter als je zuvor. Du kannst eine Pause einlegen, um zu planen, aber ich habe festgestellt, dass die Echtzeit-Action eine neue Ebene der Intensität hinzufügt, besonders wenn du dich mit deinen Gefährten abstimmst. Der Kampf fühlt sich schneller, intelligenter und reaktionsschneller an, wodurch sich jeder Kampf lohnend anfühlt.

- **Entscheidungen und Konsequenzen**: Einer der Gründe, warum ich Dragon Age schon immer geliebt habe , ist, dass sich jede Entscheidung bedeutungsvoll anfühlt. In *The Veilguard* wird dies auf ein neues Niveau gehoben. Das Spiel ist voll von Momenten, in denen du die Konsequenzen deiner Handlungen sorgfältig abwägen musst, von der Frage, mit wem du dich verbündest, bis hin zur Art und Weise, wie du mit den wichtigsten Charakteren interagierst. Und glauben Sie mir, Sie werden diese Konsequenzen spüren – manchmal auf eine Weise, die Sie vielleicht nicht erwarten.

Wenn du genauso begeistert von *Dragon Age: The Veilguard* bist wie ich, dann wird dir dieser Leitfaden helfen, die vielen Herausforderungen und Entscheidungen zu meistern. Ich habe meine Leidenschaft für die Serie in jeden Abschnitt einfließen lassen, egal ob du ein Neuling bei Thedas oder ein erfahrener Veteran bist, ich hoffe, dass du diesen Leitfaden genauso hilfreich wie unterhaltsam findest.

Kapitel 1

Erste Schritte: Grundlegende Tipps für neue Spieler

Wenn du zum ersten Mal die Welt von *Dragon Age: The Veilguard* betrittst, kann es überwältigend sein, vor allem mit den weiten Landschaften, der komplizierten Geschichte und der komplexen Entscheidungsfindung. Aber keine Sorge – dieser Abschnitt soll Ihnen helfen, mit Zuversicht loszulegen. Egal, ob du ein Neuling im *Dragon Age-Universum bist* oder ein erfahrener Spieler, der seine Fähigkeiten auffrischen möchte, diese Tipps werden dich durch die frühen Phasen des Spiels führen.

Unverzichtbare Starttipps

1. **Wähle deine Klasse mit Bedacht**: Zu Beginn des Spiels wirst du aufgefordert, eine Klasse auszuwählen – Krieger, Magier oder Schurke.

Jede Klasse bietet einen einzigartigen Spielstil, und deine Wahl beeinflusst die Art und Weise, wie du im Laufe des Spiels an den Kampf herangehst und Probleme löst.

- Wenn du es vorziehst, mitten im Kampf zu sein, Schaden auszuteilen und Treffer zu absorbieren, ist die Kriegerklasse genau das Richtige für dich.
- Wenn du Spaß daran hast, das Schlachtfeld aus der Ferne mit mächtigen Zaubern zu kontrollieren, ist die Magierklasse ideal.
- Für diejenigen, die Tarnung, schnelle Schläge und eine ausgewogene Mischung aus Fern- und Nahkampfangriffen bevorzugen, ist der **Schurke** die beste Option. Verbringe Zeit damit, die Beschreibungen der einzelnen Klassen durchzulesen und

darüber nachzudenken, wie viel Spaß es dir macht, RPGs zu spielen.

2. **Verstehe deine Fraktion**: Dein Hintergrund und die Wahl der Fraktion (Graue Wächter, Schleierspringer usw.) prägen nicht nur die Identität deines Charakters, sondern auch, wie die Welt auf dich reagiert. Jede Fraktion bietet unterschiedliche Boni und beeinflusst die Dialogoptionen. Wähle eine Fraktion, die zu deinem Spielstil und der Art der Interaktionen passt, die du im Spiel sehen möchtest.

3. **Erkunde jeden Winkel und jede Ecke**: *The Veilguard* ist vielleicht keine vollständig offene Welt, aber das bedeutet nicht, dass es an Erkundung mangelt. Jedes Gebiet ist vollgepackt mit Geheimnissen, verborgenen Schätzen und Kodexeinträgen, die dein Verständnis von Thedas vertiefen. Nimm dir Zeit für die Erkundung – egal ob es sich um eine belebte Stadt oder ein verlassenes Schlachtfeld handelt, es gibt immer etwas zu

entdecken. Hetze nicht durch die Missionen – suche nach versteckten Räumen, sprich mit NPCs und interagiere mit deiner Umgebung.

4. **Interagiere regelmäßig mit Gefährten**: Beim Aufbau von Beziehungen zu deinen Gefährten geht es nicht nur um den Kampf. Sprich oft mit ihnen, erfahre ihre Hintergrundgeschichten und nimm sie auf Nebenmissionen mit. Viele dieser Interaktionen beeinflussen ihre Loyalität und Effektivität im Kampf. Außerdem beeinflussen die Zustimmungswerte von Begleitpersonen, wie sie auf Ihre Entscheidungen reagieren und ob sie Ihnen treu bleiben.

5. **Verwende Pause und Plan im Kampf**: Während der Kampf in The Veilguard *schneller und actionorientierter ist*, vergiss nicht, die **Pausenfunktion zu verwenden** . Auf diese Weise kannst du durchatmen, die Situation einschätzen und deinen Gefährten Befehle erteilen. Das Pausieren ist besonders hilfreich

in schwierigen Kämpfen, in denen es auf Strategie ankommt, z. B. wenn du es mit Bossen oder großen Gegnergruppen zu tun hast.

Navigieren in der Spielwelt

1. **Benutze die Karte oft**: Die Karte ist dein bester Freund, wenn du durch die Regionen von *The Veilguard* navigierst. Nutze sie, um Quests, Schnellreisepunkte und wichtige Orte zu verfolgen. Die Regionen des Spiels mögen missionsbasiert sein, aber sie sind immer noch weitläufig. Sie können leicht umgedreht werden oder wichtige Orte verpassen, ohne regelmäßig auf die Karte zu schauen.
2. **Schnellreise über die Kreuzung**: Wenn du neue Gebiete freischaltest, erhältst du Zugang zur Schnellreise durch die **Eluvianer** (magische Spiegel) an der Kreuzung. Dieser Nexus fungiert als Drehscheibe, um schnell zwischen verschiedenen Teilen von Thedas zu

wechseln. Halten Sie Ausschau nach neuen Gebieten, die Sie freischalten können, und sparen Sie Zeit, indem Sie nach Möglichkeit schnell reisen.

3. **Achtet auf NPC-Gespräche:** Die Welt von Thedas ist voller Informationen, die euch nicht immer auf dem Silbertablett serviert werden. NPC-Gespräche, sowohl mit euch als auch untereinander, können wertvolle Hinweise auf versteckte Quests, Schätze und sogar Überlieferungen enthalten, die euch helfen können, die Geschichte besser zu verstehen. Überstürzen Sie den Dialog nicht – nehmen Sie sich Zeit, hören Sie zu und interagieren Sie.

4. **Verwalten Sie Ihr Inventar intelligent:** Es kann verlockend sein, alles aufzuheben, was Ihnen in die Hände kommt, aber der Platz im Inventar ist begrenzt. Achte darauf, deine Ausrüstung regelmäßig zu überprüfen und entsorge oder verkaufe, was du nicht brauchst. Priorisiere hochwertige Gegenstände und

Ausrüstung, die zu deinem Build passen. Wenn du deine Ausrüstung schon früh aufrüstest, wird das im Kampf einen großen Unterschied machen.

Wichtige Entscheidungen zu Beginn des Spiels

1. **Wahl der Fraktion und des Hintergrunds**: Eine der ersten wichtigen Entscheidungen, die du treffen wirst, ist die Auswahl deines Hintergrunds und deiner Fraktion. Diese Entscheidung wirkt sich nicht nur auf die Erzählung aus, sondern auch darauf, wie NPCs dich behandeln und welche Boni du erhältst. Zum Beispiel **bieten Graue Wächter** erhöhten Schaden gegen die Dunkle Brut, während **Antivan-Krähen** deine Tranktragfähigkeit und Ressourcenregeneration verbessern.

2. **Solas-Interaktion**: Zu Beginn des Spiels hast du deine erste große Begegnung mit Solas. Die Entscheidungen, die du während dieser Interaktion triffst, geben den Ton für deine Beziehung zu ihm an und beeinflussen die Geschichte auf der ganzen Linie. Überlege dir genau, wie du dich ihm nähern willst – ob mit Sarkasmus, Empathie oder Aggression. Jede Reaktion hat langfristige Konsequenzen.

3. **Gefährtenauswahl und Nebenquests**: Hetze nicht durch die Haupthandlung. Nimm dir Zeit, um Gefährten-Nebenquests frühzeitig abzuschließen, da sie deine Beziehungen vertiefen und besondere Fähigkeiten freischalten. Diese Missionen enthüllen oft verborgene Aspekte der Persönlichkeiten und der Geschichte deiner Gefährten, die sich bei späteren Spielentscheidungen als entscheidend erweisen können.

4. **In Fähigkeiten investieren**: Zu Beginn des Spiels ist es wichtig, Fertigkeitspunkte mit

Bedacht zu investieren. Konzentriere dich darauf, einen ausgewogenen Charakter zu entwickeln, der sowohl mit Kämpfen als auch mit Erkundungen umgehen kann. Wenn du zum Beispiel als Magier spielst, stelle sicher, dass du eine Mischung aus offensiven Zaubern und defensiven Fähigkeiten hast. Erwäge auch, in Fähigkeiten zu investieren, die deinen Gefährten zugute kommen, um eine ausgewogene Gruppe aufzubauen.

So speicherst du dein Spiel und verwaltest den Fortschritt

1. **Manuelle Speicherungen sind dein bester Freund**: *Dragon Age: The Veilguard* verfügt über ein automatisches Speichersystem, aber es ist immer eine gute Idee, regelmäßig manuelle Speicherstände zu erstellen. Dies ist besonders wichtig, bevor du wichtige Entscheidungen triffst oder dich in harte

Kämpfe begibst. Wenn die Dinge nicht so laufen, wie Sie es möchten, können Sie jederzeit nachladen und einen anderen Ansatz ausprobieren.

2. **Erstellen Sie mehrere Speicherplätze**: Wenn Sie mehrere Speicherplätze haben, können Sie Schlüsselmomente des Spiels flexibel erneut aufrufen. Vielleicht möchtest du sehen, wie sich eine andere Entscheidung auswirkt oder einen schwierigen Bosskampf wiederholen. Wenn du mehrere Speicherstände beibehältst, schützt du dich auch davor, den Fortschritt zu verlieren, falls du versehentlich einen kritischen Punkt überschreibst.

3. **Überprüfe regelmäßig die Questprotokolle**: Dein Questprotokoll hilft dir, sowohl die Hauptmissionen als auch die Nebenquests zu verfolgen. Im Laufe des Spiels kann es leicht passieren, dass man sich von all den Dingen, die man in Thedas unternehmen kann,

ablenken lässt. Machen Sie es sich zur Gewohnheit, Ihr Protokoll zu überprüfen, damit Sie keine wichtigen Ziele oder Belohnungen verpassen.

4. **Schnellspeicherungen für den Fortschritt unterwegs**: Die Schnellspeicherfunktion des Spiels ist perfekt für die Momente, in denen du spontan speichern musst – egal, ob du in eine Schlacht eintrittst oder eine Spielsitzung unerwartet verlässt. Schnellspeicherungen sind schnell und effizient, aber denken Sie daran, regelmäßig vollständige Speicherungen durchzuführen, um Pannen zu vermeiden.

Kapitel 2

Charaktererstellung und -anpassung

In *Dragon Age: The Veilguard* legst du bei der Charaktererstellung den Grundstein für dein Abenteuer. Von der Wahl deines Volkes und deiner Klasse über die Anpassung deines Aussehens bis hin zur Zugehörigkeit zu einer Fraktion beeinflusst jede Entscheidung, die du hier triffst, nicht nur dein Gameplay, sondern auch die Reaktion der Welt und ihrer Charaktere auf dich. In diesem Abschnitt werden die einzelnen Aspekte der Charaktererstellung aufgeschlüsselt und es gibt Tipps, wie du einen Charakter erstellst, der zu deinem Spielstil und deinen Zielen passt.

Rassenauswahl: Elf, Qunari, Mensch, Zwerg

Die Wahl deiner Rasse in *The Veilguard* beeinflusst, wie NPCs mit dir interagieren, bietet einzigartige Dialogoptionen und bietet bestimmte Spielvorteile. Hier ist eine kurze Aufschlüsselung der verfügbaren Rennen:

- **Elfen**: Bekannt für ihre Anmut und Affinität zur Magie, werden die Elfen in Thedas von anderen Rassen oft an den Rand gedrängt und als Außenseiter angesehen. Wenn du dich für einen Elfen entscheidest, kannst du Dialogoptionen freischalten, die mit der Geschichte des Elfenvolkes verbunden sind, und sie haben angeborene Boni in Bezug auf Magie und Geschicklichkeit.
- **Qunari**: Die hoch aufragenden, gehörnten Krieger aus dem hohen Norden werden von vielen in Thedas gefürchtet und missverstanden. Qunari-Charaktere verfügen über Boni auf Stärke und Konstitution, was sie im Kampf beeindruckend macht. Ihre einzigartige Weltanschauung bietet auch

interessante Dialoge und Fraktionsdynamiken im gesamten Spiel.

- **Menschen**: Die Menschen sind die häufigste Rasse in Thedas, vielseitig und oft gut in politischen und sozialen Strukturen vernetzt. Die Wahl eines Menschen sorgt für ausgewogene Werte, und er wird in der Regel von anderen Menschen im Spiel besser behandelt, was das Navigieren in bestimmten Fraktionen erleichtert.
- **Zwerge**: Zwerge sind zäh und widerstandsfähig, stammen aus den unterirdischen Städten von Thedas und sind bekannt für ihre Handwerkskunst und ihre Widerstandsfähigkeit gegen Magie. Wenn du als Zwerg spielst, erhältst du einen Bonus auf Konstitution und Geschicklichkeit, was sie ideal für physische Kampfklassen wie Krieger oder Schurke macht. Sie bringen auch einzigartige Dialogoptionen mit, die mit der Zwergenkultur verbunden sind.

Klassenübersicht: Krieger, Magier, Schurke

Deine Klasse ist eine der wichtigsten Entscheidungen in *The Veilguard* und bestimmt deinen Kampfstil, deine Fähigkeiten und Spezialisierungen. Jede Klasse hat ihre eigenen Stärken, Schwächen und ihren eigenen Spielstil, also überlege dir bei der Auswahl, wie du dich an Kämpfen beteiligen möchtest.

- **Krieger**: Wenn du es vorziehst, im Mittelpunkt des Geschehens zu stehen, Schaden zu absorbieren und mächtige Nahkampfangriffe auszuteilen, ist der Krieger die richtige Klasse für dich. Krieger sind großartige Panzer und verursachen Schaden an der Front. Sie haben eine hohe Gesundheit und Rüstung, was sie in Kämpfen widerstandsfähig macht, egal ob du ein Schwert und einen Schild zur Verteidigung oder eine massive Zweihandwaffe für den Angriff schwingst.

- **Magier**: Als Meister des Arkanen kontrollieren Magier das Schlachtfeld aus der Ferne mit verheerenden Elementarzaubern. Wenn du es genießt, eine breite Palette von Fähigkeiten zu haben, um Feinde zu kontrollieren und zu besiegen, ist die Magierklasse ideal. Magier können Verbündete heilen, Flächenschaden verursachen und die Elemente manipulieren, um das Blatt im Kampf zu wenden. Im Nahkampf sind sie verwundbar, aber mit der richtigen Positionierung können sie das Schlachtfeld dominieren.
- **Rogue**: Für Spieler, die schnelle, präzise Schläge und Beweglichkeit lieben, ist der Rogue die perfekte Wahl. Schurken zeichnen sich durch Tarnung aus, legen Fallen und verursachen kritischen Schaden entweder mit Dolchen oder einem Bogen. Sie können auch Gegnern ausweichen und Schwächen

ausnutzen, wodurch sie hervorragend darin sind, einzelnen Zielen hohen Burst-Schaden zuzufügen oder Feinde aus der Ferne außer Gefecht zu setzen.

Spezialisierungen für jede Klasse

Im Laufe von *The Veilguard* schaltest du Spezialisierungen frei, die es dir ermöglichen, deinen Spielstil weiter zu definieren. Jede Klasse verfügt über drei Spezialisierungspfade, die einzigartige Fähigkeiten und Boni bieten.

Magier-Spezialisierungen:

- **Todesrufer**: Der Todesrufer ist Spezialist für Lebensraub aus der Ferne und konzentriert sich darauf, die Lebenskraft von Feinden zu entziehen, während er auf Distanz bleibt. Diese Spezialisierung ist ideal für alle, die offensive Magie mit Überlebensfähigkeit kombinieren möchten.

- **Beschwörer**: Als Meister des Eises und der zermalmenden Zauber ist der Beschwörer darauf spezialisiert, Feinde an Ort und Stelle einzufrieren und sie mit verheerenden Zaubern zu zerschmettern. Diese Spezialisierung ist perfekt für Spieler, die Massenkontrolle und strategisches Zaubern mögen.
- **Zauberklinge**: Die Zauberklinge mischt Blitzmagie mit Nahkampf und ermöglicht es dem Magier, sich an Nahkämpfen zu beteiligen und dabei arkane Macht einzusetzen. Wenn du ein Kampfmagier sein willst, der an der Front kämpft, ist dies dein Weg.

Krieger-Spezialisierungen:

- **Schnitter**: Schnitter schwingen Sensen und saugen ihren Feinden das Leben aus, was sie zu brutalen Nahkämpfern macht, die mit jedem Kill Gesundheit erhalten. Sie sind perfekt für Spieler, die anhaltende Kämpfe und Überlebensfähigkeit in langwierigen Kämpfen mögen.

- **Slayer**: Der Slayer ist ein beidhändiger Berserker, der mit schweren, brutalen Angriffen massiven Schaden anrichtet. Bei dieser Spezialisierung dreht sich alles um rohen Schaden und offensive Kraft, ideal für Spieler, die es genießen, Feinde mit Stärke zu überwältigen.
- **Champion**: Champions konzentrieren sich auf Verteidigung und Massenkontrolle und fungieren als ultimativer Tank für ihre Gruppe. Mit einem Schwert und einem Schild können sie es mit Horden von Feinden aufnehmen und ihre Verbündeten beschützen, während sie moderaten Schaden verursachen.

Schurken-Spezialisierungen:

- **Duellant**: Duellanten konzentrieren sich auf schnelle, ausweichende Angriffe und erhalten Buffs durch das Parieren und Ausweichen vor feindlichen Angriffen. Sie sind wendig und schwer zu treffen, was sie ideal für Spieler macht, die im Kampf wendig sein und Feinde mit Präzision bestrafen wollen.

- **Saboteure**: Saboteure zeichnen sich dadurch aus, dass sie Fallen stellen, Chaos auf dem Schlachtfeld verursachen und Menschenmengen aus der Ferne kontrollieren. Diese Spezialisierung ist perfekt für Spieler, die einen taktischen Ansatz im Kampf bevorzugen und Fallen und Tricks verwenden, um Gegner zu überlisten.
- **Schleier-Ranger**: Schleier-Ranger nutzen gefährliche Magie, um ihre Scharfschützenfähigkeiten zu verbessern, indem sie tödliche Fernkampfangriffe mit arkaner Macht kombinieren. Wenn du ein tödlicher Scharfschütze sein willst, der aus dem Schatten zuschlägt, ist dies die Spezialisierung für dich.

Fraktionsauswahl und Hintergrundgeschichten

Die Wahl deiner Fraktion bestimmt nicht nur deinen Hintergrund, sondern beeinflusst auch deine Dialogentscheidungen, den Ruf der Fraktion und die Kampfboni im Laufe des Spiels. Jede Fraktion hat ihre eigene Geschichte, und der Weg, den du wählst, kann zu einzigartigen Quests und Interaktionen mit NPCs führen.

- **Graue Wächter**: Als Mitglied dieses uralten Ordens bist du ein Held, der sich gegen die Verderbnis stellt. Wenn du dich für die Grauen Wächter entscheidest, erhältst du einen Ruf-Schub bei dieser Fraktion, zusätzlichen Schaden gegen die Dunkle Brut und Boni auf Gesundheit und Verteidigung. Es ist eine klassische Wahl für diejenigen, die den Archetyp des edlen Kriegers verkörpern möchten.

- **Schleierspringer**: Die Schleierspringer sind auf den Kampf gegen verblasste Feinde spezialisiert. Wenn du dich für diese Fraktion entscheidest, erhältst du Boni auf kritischen Schaden und zusätzliche Vorteile, wenn du Gegnern aus dem Nichts gegenüberstehst. Ihre mysteriöse Natur und ihr Wissen über den Schleier machen sie zu einer faszinierenden Fraktion für alle, die Magie und das Arkane mögen.
- **Schattendrachen**: Schattendrachen sind abtrünnige Krieger, die im Kampf gegen die Venatori und andere gefährliche Fraktionen erfolgreich sind. Mit ihrem düsteren, unauffälligen Ansatz erhaltet ihr Boni auf Ressourcenregeneration und kritische Treffer. Diese Fraktion eignet sich für Spieler, die den Schurken-Spielstil und die hinterhältigen Taktiken mögen.
- **Lords of Fortune**: Als Mitglied dieser Fraktion bist du ein Söldner mit einem Durst

nach Reichtum und Macht. Die Lords of Fortune verschaffen dir Vorteile im Umgang mit Söldnern und erleichtern das Ausschalten von Feinden. Sie sind ideal für Spieler, die einen moralisch zweideutigen Charakter mögen.

- **Die Trauerwache**: Diese Fraktion konzentriert sich auf die Untoten und die Dämonenjagd. Wenn ihr euch für die Trauerwache entscheidet, erhaltet ihr Boni gegen Dämonen und Untote und erhaltet die Möglichkeit, zusätzliche Gebrechensstapel auf Gegner anzuwenden. Wenn du einen eher gotischen Spielstil mit Horror-Thema magst, bietet diese Fraktion großartige Kampfboni.
- **Antivan-Krähen**: Die Antivan-Krähen sind bekannte Assassinen und bieten zusätzlichen Schaden gegen Antaam-Feinde und einen zusätzlichen Trankplatz. Sie sind perfekt für Spieler, die sich in Stealth und Attentat

auszeichnen und ihren Angriffen tödliche Präzision verleihen wollen.

Anpassen des Aussehens: Tätowierungen, Rüstungen und mehr

In *The Veilguard* geht die Anpassung über die bloße Auswahl eines Gesichts und einer Frisur hinaus. Du kannst alles anpassen, von der Form des Kopfes deines Charakters bis hin zu den Tattoos, die er trägt. Besondere Erwähnung verdienen die komplizierten Tattoo-Optionen, die eine detaillierte Personalisierung ermöglichen und deinen Rook wirklich einzigartig machen.

Rüstungssets und kosmetische Ausrüstung werden ebenfalls verfügbar sein, um das Aussehen eures Charakters weiter zu personalisieren. Im Laufe des Spiels schaltest du neue Rüstungsstile und visuelle Upgrades frei, die das Wachstum und die Erfolge deines Charakters widerspiegeln.

Die beste Klasse für deinen Spielstil auswählen

Der Schlüssel zum Spaß an *The Veilguard* liegt darin, eine Klasse und Spezialisierung zu wählen, die zu deinem bevorzugten Spielstil passt. Hier sind einige abschließende Tipps:

- **Krieger**: Wähle den Krieger, wenn du gerne mitten im Kampf bist, Schaden absorbierst und das Schlachtfeld mit schiere Kraft kontrollierst.
- **Magier**: Entscheide dich für Magier, wenn du einen strategischen Ansatz im Kampf bevorzugst, Zauber aus der Ferne wirkst und den Kampfverlauf kontrollierst.
- **Schurke**: Wenn du Tarnung, Präzision und Beweglichkeit magst, passt der Schurke perfekt zu deinem Spielstil und bietet Vielseitigkeit und hohen Schadenausstoß.

Welchen Weg du auch wählst, *Dragon Age: The Veilguard* bietet viel Flexibilität, um deinen Charakter während des Spiels anzupassen. Triff Entscheidungen, die widerspiegeln, wie du dich mit der Welt auseinandersetzen möchtest, und scheue dich nicht, mit verschiedenen Builds und Spezialisierungen zu experimentieren, um die perfekte Passform zu finden.

Kapitel 3

Kampfmechanik

In *Dragon Age: The Veilguard* sind Kämpfe ein wesentlicher Bestandteil deiner Reise, und sie sind dynamischer und actiongeladener als frühere Teile der Serie. Egal, ob du dich durch Horden von Feinden schlägst, mächtige Zauber wirkst oder deinen nächsten taktischen Zug planst, die Beherrschung der Kampfmechanik des Spiels ist der Schlüssel zum Überleben. In diesem Abschnitt erfährst du mehr über die Grundlagen des Kampfes, fortgeschrittene Techniken, Gefährtenstrategien, Ressourcenmanagement und wie du die härtesten Feinde in Thedas besiegen kannst.

Kampfübersicht: Grundlagen und fortgeschrittene Techniken

Die Kämpfe in *The Veilguard* verbinden Echtzeit-Action mit taktischer Planung und ermöglichen es den Spielern, sich an rasanten Kämpfen zu beteiligen und gleichzeitig innezuhalten, um Befehle zu erteilen oder Spezialfähigkeiten einzusetzen. Hier ist eine Aufschlüsselung der Grundlagen und wie du deine Kampfleistung verbessern kannst:

- **Grundlagen**: Im Kern dreht sich der Kampf um leichte und schwere Angriffe, Blocks, Ausweichen und den Einsatz von Fähigkeiten, die an deine Klasse gebunden sind. Leichte Angriffe sind schneller und können in Kombos aneinandergereiht werden, während schwere Angriffe mehr Schaden verursachen, aber länger brauchen, um ausgeführt zu werden. Ausweichen ist wichtig, um Schaden zu vermeiden, und Blocken (wenn du ein Krieger bist) hilft, den erlittenen Schaden zu reduzieren.
- **Fortgeschrittene Techniken**:

- **Kombos**: Wenn du Kombos durch abwechselnde leichte und schwere Angriffe aneinanderreihst, maximierst du deinen Schadensausstoß. Unterschiedliche Waffentypen und Fähigkeiten können zu einzigartigen Kombinationen führen, also experimentiere mit deinem Arsenal, um deine bevorzugten Kombos zu finden.
- **Zeitgesteuertes Ausweichen**: Perfekt getimte Ausweichmanöver verschaffen dir einen Vorteil, indem du feindlichen Angriffen ausweichen und Gegenangriffe vorbereiten kannst. Es ist entscheidend zu lernen, wann man ausweichen oder blocken muss, basierend auf den Angriffsmustern der Feinde.
- **Radialmenü**: Für fortgeschrittenere Taktiken kannst du das Radialmenü

verwenden, um die Aktion zu pausieren und deinen nächsten Zug zu planen. Diese Funktion ist besonders nützlich in größeren Schlachten oder im Kampf gegen Bosse, da sie es dir ermöglicht, Spezialfähigkeiten in die Warteschlange einzureihen, zwischen Waffen zu wechseln oder deinen Gefährten Befehle zu erteilen.

Meistern von Fähigkeiten, Kombos und Angriffen

Jede Klasse hat ihre eigenen einzigartigen Fähigkeiten und Fertigkeiten, die gemeistert werden können, um verheerende Kombos zu erstellen. Zu lernen, wie du deine Fähigkeiten effektiv mit normalen Angriffen kombinieren kannst, kann das Blatt im Kampf wenden.

- **Krieger**: Als Krieger kannst du mächtige Nahkampfangriffe mit Spezialfähigkeiten wie einem fliegenden Tritt oder einem Bodenschlag aneinanderreihen. Wenn du zum Beispiel nach einer Reihe von leichten Angriffen einen Schildschlag einsetzt, kannst du Gegner ins Taumeln bringen und sie für einen Todesstoß öffnen. Experimentiere mit Fähigkeiten wie **Sturmangriff** oder **Wirbelwind**, um Gruppen von Feinden zu beseitigen.

- **Magier**: Magier können Elementarkombos meistern, wie z. B. einen Feind mit einem Eiszauber einzufrieren und ihn dann mit einem mächtigen Feuerball zu zerschmettern. Fähigkeiten wie **Kettenblitz** ermöglichen es dir, mehrere Feinde gleichzeitig zu treffen, während **Barriere** deinem Team in der Hitze des Gefechts zusätzlichen Schutz bietet. Lerne, Kontrollverluste mit Flächenschaden zu kombinieren, um maximale Effektivität zu erzielen.

- **Schurke**: Schurken zeichnen sich durch schnelle, präzise Schläge aus und ihre Fähigkeit, Gefahren auszuweichen, macht sie im Nahkampf tödlich. Durch die Kombination von Tarnung mit schnellen Angriffen wie **Backstab** oder **Flurry** kannst du massiven kritischen Schaden verursachen. Setze Fertigkeiten wie **Sprengfalle** oder **Vergiftete Klingen** ein, um deine Angriffe vielseitiger zu gestalten.

Gefährtenkämpfe und Synergie

Gefährten sind nicht nur für die Geschichte da – sie sind im Kampf von entscheidender Bedeutung, und zu lernen, wie man ihre Fähigkeiten im Einklang mit den eigenen einsetzt, ist der Schlüssel, um schwierige Begegnungen zu meistern. Jeder Gefährte verfügt über einzigartige Fähigkeiten, die deinen Charakter ergänzen, und die Koordination mit ihnen ist für den Erfolg unerlässlich.

- **Synergie**: Achte darauf, wie deine Gefährtenfähigkeiten mit deinen eigenen interagieren. Wenn du zum Beispiel ein Magier bist, der Eiszauber wirkt, maximiert ein Kriegergefährte wie **Bellara** den Schaden, wenn er ihm einen vernichtenden Schlag versetzt. In ähnlicher Weise können Schurken davon profitieren, dass Krieger Aggro anziehen, was es ihnen ermöglicht, von hinten zuzuschlagen, um Bonusschaden zu verursachen.
- **Gefährten befehligen**: Verwende das Radialmenü, um deinen Gefährten bestimmte Befehle zu erteilen, z. B. sich auf einen bestimmten Feind zu konzentrieren oder eine bestimmte Fähigkeit einzusetzen. In harten Bosskämpfen kann es zum Beispiel sein, dass du deinen Heiler-Begleiter brauchst, um einen Heilzauber zu wirken, während sich der Rest der Gruppe darauf konzentriert, Schaden zu verursachen.

- **Gefährtenfähigkeiten**: Jeder Gefährte bringt etwas anderes mit. Magier wie **Bellara** können magische Artefakte in der Umgebung manipulieren, während Schurken wie **Neve** die Zeit verlangsamen, um dir in rasanten Kämpfen einen Vorteil zu verschaffen. Achte darauf, dass deine Gruppenzusammenstellung ein ausgewogenes Verhältnis von Schaden, Verteidigung und Unterstützung widerspiegelt.

Verwalten von Ressourcen: Wut, Mana und Gesundheit

In *"Die Schleierwache"* ist die Verwaltung deiner Ressourcen – Wut (Krieger), Mana (Magier) und Gesundheit (alle Klassen) – der Schlüssel, um die Kontrolle im Kampf zu behalten. Zu wissen, wann du deine Fähigkeiten einsetzen und wann du dich zurückhalten solltest, ist entscheidend für das Überleben.

- **Wut (Krieger):** Krieger erzeugen Wut durch ihre Angriffe, und diese Ressource wird verwendet, um Spezialfähigkeiten zu verstärken. Behalte deine Wutleiste im Auge und entfessle verheerende Fähigkeiten wie **Bodenschlag** oder **Fliegender Tritt**, wenn sie voll ist. Regelmäßige Angriffe auszubalancieren, um Wut aufzubauen, und diese Wut dann klug einzusetzen, ist der Schlüssel, um im Nahkampf zu dominieren.
- **Mana (Magier):** Magier verlassen sich auf Mana, um Zauber zu wirken. Zauber können große Mengen an Mana verbrauchen, daher ist es wichtig, offensive Magie mit wiederherstellenden Fähigkeiten wie **Barriere** oder **Heilung in Einklang zu bringen**. Die Verwendung von Manatränken, wenn dir in ausgedehnten Kämpfen die Mana ausgeht, kann ein Lebensretter sein, besonders in Bosskämpfen, in denen

anhaltendes Wirken von Zaubern erforderlich ist.

- **Gesundheit**: Behalte immer deinen Gesundheitsbalken im Auge. Tränke sind deine bevorzugte Methode, um deine Gesundheit im Kampf wiederherzustellen, aber sie strategisch einzusetzen ist unerlässlich. Die Gesundheit kann auch durch Gefährtenfähigkeiten wie Heilzauber von Magiern wieder aufgefüllt werden. Zögere nicht, dich im Kampf kurz zurückzuziehen, um dich zu heilen, bevor du dich wieder in den Kampf stürzt.

Statuseffekte und Verbesserungen im Kampf

Statuseffekte spielen im Kampf eine große Rolle, da sie dir entweder die Oberhand verschaffen oder dir ernsthafte Probleme bereiten, wenn du dich nicht um sie kümmerst. Zu lernen, wie man Statuseffekte anwendet und damit umgeht, kann den Ausgang harter Kämpfe verändern.

- **Häufige Statuseffekte:**
    - **Blutung:** Verursacht Schaden über Zeit. Krieger und Schurken können durch bestimmte Fertigkeiten Blutungen verursachen.
    - **Brennen:** Feuerbasierte Angriffe von Magiern setzen Gegner oft in Flammen und verursachen konstanten Schaden über Zeit.
    - **Eingefroren/Unterkühlt:** Eiszauber können Feinde an Ort und Stelle einfrieren und sie anfällig für Folgeangriffe machen.
    - **Taumeln:** Taumelnde Gegner sind für einige Augenblicke nicht in der Lage, zu handeln, was dir die Möglichkeit gibt, mächtige Schläge zu landen.
- **Verbesserungen:** Feinde, insbesondere Bosse, können spezielle Verbesserungen

haben, die sie gefährlicher machen. Zum Beispiel regenerieren einige Feinde ihre Gesundheit, nachdem sie einen Verbündeten getötet haben, oder erhalten zusätzliche Stärke von Verbündeten in der Nähe. Das Erkennen und der Umgang mit diesen Verbesserungen ist in langwierigen Kämpfen entscheidend.

Bosskämpfe: Strategien, um wichtige Feinde zu besiegen

Bosskämpfe in *The Veilguard* sind herausfordernd und erfordern oft mehr als nur rohe Stärke. Du musst die Mechanik des Chefs verstehen und deine Strategie entsprechend anpassen. Hier sind einige allgemeine Strategien, um harte Bosse zu besiegen:

1. **Beobachte Angriffsmuster**: Die meisten Bosse haben festgelegte Angriffsmuster, die du lernen kannst, vorherzusagen. Achte auf angekündigte Züge und plane deine

Ausweichmanöver oder Blocks, um größeren Schaden zu vermeiden.
2. **Schwächen ausnutzen**: Viele Bosse haben elementare oder physische Schwächen. Wenn ein Boss schwach gegen Feuer ist, lass deinen Magier feuerbasierte Angriffe einsetzen, oder wenn ein Boss taumeln kann, benutze den Schildschlag deines Kriegers, um ihn aus dem Gleichgewicht zu bringen.
3. **Verwalte deine Gruppe**: In Bosskämpfen sind deine Gefährten genauso wichtig wie du. Achte darauf, ihre Fähigkeiten effektiv einzusetzen – halte deinen Heiler für Notfälle in Bereitschaft und deinen Tank auf sich, um die Aufmerksamkeit des Bosses auf sich zu ziehen, während du aus sicherer Entfernung Schaden verursachst.
4. **Nutze die Umgebung**: Einige Bosskämpfe bieten Gefahren oder Hilfsmittel für die Umgebung, wie z.B. Säulen, hinter denen du dich verstecken kannst, oder magische

Gegenstände, die den Boss schwächen können. Suchen Sie nach diesen und nutzen Sie sie zu Ihrem Vorteil.

Umfassende Liste aller Chefs

Während jeder Boss in *The Veilguard* eine einzigartige Herausforderung bietet, wirst du auf deiner Reise auf eine Vielzahl furchterregender Feinde treffen. Dazu können gehören:

- **Solas-Konfrontation**: Dieser Kampf ist eine der Schlüsselbegegnungen zu Beginn und stellt deine Fähigkeit auf die Probe, strategisch zu denken, anstatt sich zu stürzen.
- **Elgar'nan**: Ein uralter Gott, der verheerende Flächenangriffe einsetzt, die eine sorgfältige Positionierung und defensives Spiel erfordern.
- **Ghilan'nain**: Ghilan'nain ist dafür bekannt, Wellen von Dienern zu beschwören, und in seinem Kampf geht es darum, das Schlachtfeld zu kontrollieren und sich auf die richtigen Ziele zu konzentrieren.

Spezifische Taktiken für harte Kämpfe

1. **Solas**: Der Schlüssel, um Solas zu besiegen, liegt darin, seine mächtigen Fade-Fähigkeiten zu verwalten. Benutze deine Gefährten, um sein Wirken zu unterbrechen und in Bewegung zu bleiben, um seinen Flächenzaubern auszuweichen.
2. **Elgar'nan**: Als großer, sich langsam bewegender Boss verlässt sich Elgar'nan auf mächtige, aber telegrafierte Angriffe. Triff deine Ausweichmanöver perfekt, um seinen Schlägen auszuweichen und seine langsamere Bewegung zu nutzen, indem du ihn von hinten triffst.
3. **Ghilan'nain**: In diesem Kampf ist die Kontrolle der Menschenmenge unerlässlich. Ghilan'nain beschwört Wellen von Dienern, um dich zu überwältigen, so dass Flächenzauber oder ein Gefährte mit Massenkontrollfähigkeiten helfen können, die Chancen auszugleichen.

Erkundung und die Welt von Thedas

Die Erkundung ist einer der lohnendsten Aspekte von *Dragon Age: The Veilguard*. Während du dich durch die weiten und vielfältigen Regionen Nord-Thedas wagst, entdeckst du reiche Überlieferungen, verborgene Schätze und herausfordernde Rätsel. In diesem Abschnitt erfährst du mehr über die wichtigsten Bereiche des Spiels, wie du Geheimnisse und Sammelobjekte findest und Tipps zum Freischalten neuer Regionen und Schnellreiseoptionen.

Erkundung des nördlichen Thedas

Dragon Age: The Veilguard führt dich durch den Norden von Thedas, ein geschichtsträchtiges Land voller natürlicher Schönheit und uralter Gefahren. Vom mystischen Arlathan-Wald bis zu den vom Krieg zerrütteten Ruinen von Hossberg bietet jede Region einzigartige Umgebungen und Geschichten, die darauf warten, entdeckt zu werden.

Im Gegensatz zur vollständig offenen Weltstruktur von *Inquisition* ist *The Veilguard* eher missionsbasiert und ermöglicht es dir, große Gebiete zu erkunden, die im Laufe des Spiels freigeschaltet werden. Dieser strukturierte Ansatz sorgt für ein fokussiertes Erzählerlebnis, ohne das Gefühl von Entdeckungen und Abenteuern zu opfern, das Fans der Serie lieben.

Wichtige Orte: Die Kreuzung, Arlathan Wald, Treviso, Hossberg

1. **Die Kreuzung**:
   - Die Kreuzung fungiert als zentraler Knotenpunkt für Reisen zwischen verschiedenen Regionen im Spiel. Es ist ein metaphysisches Reich, das Thedas mit dem Nichts verbindet, der magischen Welt der Geister und Dämonen. Die Spieler verwenden **Eluvianer** – uralte Elfenspiegel –, um schnell zwischen Schlüsselbereichen zu

reisen. Die Kreuzung ist auch die Heimat mehrerer Geheimnisse und versteckter Quests, also stelle sicher, dass du sie zwischen den Missionen gründlich erkundest.

2. **Arlathan Wald**:
   - Der Arlathan Forest ist ein lebendiger, verzauberter Wald voller Elfenmagie. Du triffst auf mystische Kreaturen, versteckte Ruinen und Überreste der uralten Elfenzivilisation. Es ist ein üppiges und visuell atemberaubendes Gebiet, aber seien Sie darauf vorbereitet, dass darin sowohl Schönheit als auch Gefahren lauern. Mit magischen Artefakten, die im Wald verstreut sind, kann mit bestimmten Gefährtenfähigkeiten (wie **Bellaras** Artefaktmanipulation) interagiert werden, also bringe die richtigen

Gefährten mit, um besondere Belohnungen freizuschalten.

3. **Treviso**:
   - Treviso ist eine geschäftige Stadt, die von der Fraktion der Antivan-Krähen kontrolliert wird und für ihre Intrigen und ihre Söldnerunterwelt bekannt ist. Als Stadt fühlt sich Treviso lebendig an, mit NPCs, die ihren täglichen Geschäften nachgehen, Märkten voller einzigartiger Gegenstände und vielen Nebenquests, an denen man teilnehmen kann. Es ist ein Paradies für diejenigen, die gerne Städte erkunden und politisch manövrieren. Halte Ausschau nach geheimen Läden und versteckten Pfaden, die zu seltener Ausrüstung oder besonderen Dialogen führen können.
4. **Hossberg**:

- Hossberg ist ein dunklerer, düsterer Ort, der derzeit von der Verderbnis belagert wird. Dieses vom Krieg zerrissene Gebiet ist voller zerstörter Strukturen, grotesker Kreaturen und dem unheimlichen Einfluss des Nichts (Nichts). Spieler, die den düsteren Ton von *Dragon Age: Origins* mochten, werden sich mit Hossberg vertraut anfühlen, denn es bietet herausfordernde Kämpfe und eine düstere Geschichte. Es gibt auch viele versteckte Verstecke mit Waffen und Ausrüstung, also nimm dir Zeit, um die trostlose Landschaft zu erkunden.

Geheimnisse und Sammlerstücke: So finden Sie versteckte Gegenstände

Bei der Erkundung in *The Veilguard* geht es nicht nur darum, von einer Mission zur nächsten zu wechseln –

es gibt unzählige versteckte Schätze, Sammlerstücke und überlieferte Gegenstände, die über die ganze Welt verstreut sind. Hier sind einige Tipps, um sie zu finden:

- **Untersuchen Sie jeden Winkel**: Nehmen Sie sich immer die Zeit, abseits der ausgetretenen Pfade zu suchen. Hinter versteckten Türen, auf den Gipfeln von Klippen oder in den Tiefen von Dungeons findest du oft seltene Gegenstände oder Überlieferungseinträge, die der Welt von Thedas Tiefe verleihen.
- **Gefährtenfähigkeiten einsetzen**: Bestimmte Gefährten haben Fähigkeiten, die es ihnen ermöglichen, mit der Umgebung zu interagieren. Zum Beispiel kann Bellara magische Artefakte manipulieren, die geheime Bereiche freischalten oder Boni gewähren können. Holen Sie sich den richtigen Begleiter für diese Aufgabe, um Ihr Erkundungspotenzial zu maximieren.

- **Eluvianische Spiegel:** Diese uralten Spiegel ermöglichen nicht nur eine schnelle Reise, sondern führen manchmal auch zu verborgenen Bereichen im Nichts selbst. Halten Sie Ausschau nach ungewöhnlichen Spiegeln oder Stellen, die fehl am Platz erscheinen. Sie könnten in verborgene Reiche voller Schätze führen.
- **Hören Sie NPCs zu**: NPCs geben oft im beiläufigen Dialog Hinweise auf versteckte Gegenstände oder geheime Standorte. Achte darauf, was sie sagen, denn es könnte dich auf einen versteckten Schatz oder eine geheime Quest hinweisen.
- **Kodex-Einträge**: Halten Sie Ausschau nach Kodex-Einträgen, da sie oft dazu führen, verborgene Geschichten aufzudecken und Hinweise auf den Verbleib wertvoller Gegenstände geben können.

Schnellreise: Neue Regionen freischalten und navigieren

Die Schnellreise in *The Veilguard* erfolgt über die **Eluvianer** an der Kreuzung. Diese uralten Elfenspiegel ermöglichen es dir, sofort zwischen verschiedenen Regionen von Thedas zu reisen, sobald sie freigeschaltet wurden. So nutzen Sie das Schnellreisesystem optimal:

1. **Neue Regionen freischalten**: Um eine neue Region freizuschalten, müsst ihr zunächst bestimmte Quests abschließen oder bestimmte Herausforderungen in The Crossroads meistern. Einige Regionen sind hinter harten Kämpfen oder Umgebungsrätseln verborgen, also sei darauf vorbereitet, zu kämpfen oder Rätsel zu lösen, bevor du Zugang zu neuen Gebieten erhältst.
2. **Mit Eluvianern**: Sobald eine Region freigeschaltet ist, kannst du jederzeit zu ihr zurückkehren, indem du den entsprechenden Eluvianer an der Kreuzung verwendest. Dieses System macht es einfach, zuvor erkundete

Gebiete für Nebenquests, Sammlerstücke oder unerledigte Aufgaben erneut zu besuchen.

3. **Navigieren in großen Regionen**: Jede Region in *The Veilguard* ist weitläufig, und obwohl die Eluvianer bei der Reise zwischen den wichtigsten Orten helfen, musst du dich immer noch auf deine Karte und Markierungen verlassen, um dich in den größeren Gebieten zurechtzufinden. Halte deine Karte mit Questmarkierungen auf dem neuesten Stand und nutze Schnellreisepunkte innerhalb von Regionen, um schnell zwischen den Missionsorten zu wechseln.

Rätsel und Herausforderungen in der Umgebung

Bei der Erkundung in *The Veilguard* geht es nicht nur um Kämpfe und das Sammeln von Beute – es gibt auch zahlreiche Rätsel und Herausforderungen in der Umgebung, die deinen Verstand und deine Problemlösungsfähigkeiten auf die Probe stellen werden. Diese reichen von einfachen

Objektinteraktionen bis hin zu komplexeren, mehrstufigen Rätseln, die Geduld und Liebe zum Detail belohnen.

1. **Magische Artefakte**: In Gebieten wie dem Arlathan-Wald findest du magische Artefakte, die nur von bestimmten Gefährten aktiviert werden können. Bellaras Fähigkeit, diese Artefakte zu manipulieren, kann zum Beispiel verborgene Pfade aufdecken oder mächtige Gegenstände freischalten. Überlege immer, welchen Gefährten du auf eine Mission mitnimmst, da ihre einzigartigen Fähigkeiten sonst unzugängliche Bereiche öffnen können.
2. **Fade-Rätsel**: In einigen Bereichen, die mit dem Fade verbunden sind, gibt es Rätsel, bei denen du die Umgebung manipulieren musst. Dabei kann es darum gehen, Objekte an bestimmte Orte zu bewegen, Rätsel zu lösen oder mit magischen Konstrukten zu interagieren. Diese Rätsel können zu mächtigen Belohnungen führen, aber sie

beinhalten oft gefährliche Fallen oder Feinde, also gehe mit Vorsicht vor.

3. **Umweltgefahren**: In Gebieten wie Hossberg können Umweltgefahren wie von Fäulnis befallene Zonen oder bröckelnde Ruinen deinen Fortschritt behindern. Sie müssen vorsichtig navigieren, um unnötigen Schaden zu vermeiden. Einige dieser Gefahren können in Vorteile umgewandelt werden, wenn du Feinde in sie lockst, also denke immer strategisch.

4. **Versteckte Pfade**: In einigen Bereichen gibt es versteckte Pfade, die nur sichtbar werden, wenn du mit bestimmten Objekten interagierst oder bestimmte Aufgaben erledigst. Zum Beispiel musst du vielleicht einen versteckten Hebel finden, der eine Geheimtür öffnet, oder ein Rätsel lösen, das Zugang zu einem neuen Bereich gewährt. Halten Sie Ausschau nach interaktiven Elementen in der Umgebung.

5. **Schatzkarten**: In einigen Regionen stößt du auf Schatzkarten, die Hinweise auf versteckte Beute geben. Diese Karten zeigen in der Regel auf Orte, die mit Symbolen oder bestimmten Orientierungspunkten markiert sind. Folge den Hinweisen genau, denn sie führen oft zu seltener Ausrüstung oder wertvollen Ressourcen.

Gefährten: Aufbau von Beziehungen und Romanzen

Eines der charakteristischen Merkmale der *Dragon Age*-Serie ist die tiefe Verbindung, die die Spieler mit ihren Gefährten aufbauen können. In *Dragon Age: The Veilguard* ist das Gefährtensystem sowohl für den Kampf als auch für die Erzählung von zentraler Bedeutung, weshalb es unerlässlich ist, die Charaktere, die dich auf deiner Reise begleiten, zu rekrutieren, zu pflegen und starke Beziehungen zu ihnen zu pflegen. Egal, ob du auf der Suche nach mächtigen Verbündeten, lebenslangen

Freundschaften oder sogar Romantik bist, deine Interaktionen mit Gefährten können den Verlauf des Spiels und deine persönliche Geschichte beeinflussen.

Überblick über das Companion System

In *The Veilguard* sind Gefährten mehr als nur Kampfverbündete – sie spielen eine entscheidende Rolle für dein Gesamterlebnis. Jeder Gefährte hat seine eigene Hintergrundgeschichte, einzigartige Fähigkeiten und persönliche Quests, die der Erzählung Tiefe verleihen. Sie sind auch ein wesentlicher Bestandteil des Kampfes und helfen dabei, eine ausgewogene Gruppe zu bilden, die deine eigenen Fähigkeiten ergänzt. Noch wichtiger ist, dass die Art und Weise, wie du mit ihnen interagierst – sowohl in Dialogen als auch durch Aktionen – ihre Loyalität beeinflusst, was sich wiederum auf die Effektivität der Kämpfe, den Ausgang der Geschichte und potenzielle Romanzen auswirkt.

Hier erfährst du, was du über die Verwaltung deiner Begleiter wissen musst:

- **Gefährtenrollen**: Jeder Gefährte hat eine spezialisierte Rolle (Tank, Schadensverursacher, Heiler oder Unterstützer), weshalb es wichtig ist, deine Gruppe für verschiedene Begegnungen auszubalancieren.
- **Beziehungen sind wichtig**: Der Aufbau von Vertrauen und Loyalität zu deinen Gefährten wirkt sich darauf aus, wie sie mit dir interagieren und kann besondere Fähigkeiten oder Dialogoptionen freischalten.

Wie du deine Gruppe rekrutierst und aufbaust

Gefährten werden in verschiedenen Phasen des Spiels rekrutiert, oft durch Story-Missionen oder bestimmte Nebenquests. Jeder Gefährte bietet eine Reihe unterschiedlicher Fähigkeiten und eine einzigartige Persönlichkeit, die deinen Spielstil ergänzen kann.

- **Rekrutierung von Gefährten**: Während du in der Haupthandlung voranschreitest, werden wichtige Gefährten wie **Bellara** (Magierin), **Neve** (Schurke) und **Varric** (Krieger/Schurke) bei entscheidenden Ereignissen automatisch zu deiner Gruppe stoßen. Bei einigen Gefährten musst du jedoch Nebenquests abschließen oder während der Dialoge bestimmte Entscheidungen treffen, um sie davon zu überzeugen, sich dir anzuschließen.
- **Aufbau einer ausgewogenen Partei**: Eine ausgewogene Partei ist unerlässlich, um verschiedene Arten von Herausforderungen zu bewältigen. Ihr solltet Panzer, Schadensverursacher und Unterstützungscharaktere ausbalancieren, um eure Kampfeffizienz zu maximieren. Zum Beispiel:

- **Kriegergefährten** (wie Varric) können als Tanks dienen, die Aufmerksamkeit der Feinde auf sich ziehen und Schaden absorbieren.
- **Magiergefährten** (wie Bellara) zeichnen sich durch Heilung und Massenkontrolle aus, was sie bei größeren Begegnungen unverzichtbar macht.
- **Abtrünnige Gefährten** (wie Neve) eignen sich hervorragend, um hohen Schadensstoß zu verursachen und Fallen zu stellen, ideal, um hochwertige Ziele schnell auszuschalten.

Denke daran, dass du nur ein paar Gefährten gleichzeitig in die Schlacht mitnehmen kannst, daher ist die Wahl der richtigen Mischung für jede Mission der Schlüssel zum Erfolg.

Dialogentscheidungen und ihre Auswirkungen auf Gefährten

In *The Veilguard* prägen deine Dialogentscheidungen deine Beziehungen zu Gefährten. Jeder Gefährte hat seine eigenen Werte, Motivationen und persönlichen Überzeugungen, und wie du mit ihm umgehst, beeinflusst seine Zustimmung oder Ablehnung dir gegenüber. So wirkt sich Dialog auf Partnerbeziehungen aus:

- **Zustimmung und Ablehnung**: Jedes Mal, wenn du ein Gespräch führst oder eine wichtige Entscheidung im Spiel triffst, reagieren deine Gefährten auf der Grundlage ihrer persönlichen Überzeugungen. Anerkennung führt zu stärkeren Bindungen und möglicherweise zu Romantik, während Ablehnung Beziehungen belasten oder sogar dazu führen kann, dass Gefährten die Party verlassen, wenn sie zu oft mit deinen Handlungen nicht einverstanden sind.
- **Sinnvolle Entscheidungen**: Achte darauf, wofür deine Gefährten stehen. Zum Beispiel kann ein Gefährte mit einem ausgeprägten

Gerechtigkeitssinn moralisch fragwürdige Entscheidungen missbilligen, während ein pragmatischerer Charakter schwierige Entscheidungen unterstützt, die zu Ergebnissen führen. Bevor du große Story-Entscheidungen triffst, überlege, welche Gefährten bei dir sind und wie sie reagieren könnten.

- **Schlüsselmomente im Dialog**: Einige Dialogoptionen haben lang anhaltende Auswirkungen und wirken sich nicht nur auf deine Beziehung zu einem bestimmten Gefährten, sondern auch auf die gesamte Geschichte aus. Gefährten können sogar dauerhaft gehen, wenn ihre Ablehnung zu groß wird, daher ist es wichtig, mit angespannten Situationen vorsichtig umzugehen. Diese Schlüsselmomente sind in der Regel mit speziellen Dialogaufforderungen gekennzeichnet, damit Sie wissen, wann ein

Gespräch weitreichende Konsequenzen haben könnte.

Entwicklung von Romanzen: Eine Schritt-für-Schritt-Anleitung

Die Romanzen in *The Veilguard* sind tiefgründig und bedeutungsvoll und ermöglichen es dir, im Laufe des Spiels persönliche Beziehungen zu bestimmten Gefährten aufzubauen. Auch wenn nicht jeder Partner eine Romanze haben kann, benötigen diejenigen, die es können, Zeit, Vertrauen und sorgfältig ausgewählte Dialoge, um eine Beziehung aufzubauen.

Schritte zur Entwicklung einer Romanze:

1. **Baugenehmigung**: Um eine Romanze zu beginnen, müssen Sie zuerst eine hohe Zustimmung mit dem Begleiter aufbauen. Achten Sie auf ihre Vorlieben und ihren moralischen Kompass – wenn Sie sich für einen Dialog und Maßnahmen entscheiden, die

mit ihren Werten übereinstimmen, erhöhen Sie ihre Zustimmungswerte.

2. **Beteiligen Sie sich an persönlichen Gesprächen**: Wenn Sie die Zustimmung erhöhen, werden neue Dialogoptionen verfügbar. Sprich regelmäßig mit deinen Gefährten in deiner Operationsbasis (z. B. **dem Leuchtturm**), um nach ihnen zu sehen. Einige Gefährten werden sich über ihre vergangenen oder persönlichen Kämpfe öffnen und so Möglichkeiten schaffen, Ihre Beziehung zu vertiefen.

3. **Schließe Gefährten-Quests ab**: Jeder romantische Gefährte hat eine persönliche Quest, die mit seiner Handlung verbunden ist. Das Abschließen dieser Quests stärkt nicht nur die Loyalität, sondern schaltet auch zusätzliche Romantikoptionen frei. Achte darauf, dass du deinen gewählten romantischen Partner häufig auf Missionen mitnimmst, da dies oft Dialoge oder neue

Questreihen auslöst, die für den Fortschritt der Romanze entscheidend sind.

4. **Optionen für romantische Dialoge**: Sobald die Genehmigung hoch genug ist und du wichtige persönliche Quests abgeschlossen hast, werden Optionen für romantische Dialoge verfügbar. Diese sind in der Regel auf eine besondere Weise gekennzeichnet (z. B. mit einem Herzsymbol oder einem anderen Indikator). Wählen Sie diese Optionen, um Ihre Gefühle auszudrücken und die Beziehung auf die nächste Stufe zu heben.

5. **Entwicklung der Beziehung**: Während sich deine Romanze entwickelt, wirst du auf Schlüsselszenen stoßen, die die Bindung zwischen deinem Charakter und dem Gefährten vertiefen. Zu diesen Momenten können Zwischensequenzen, private Gespräche oder romantische Gesten gehören. Baue die Beziehung weiter auf, indem du

unterstützende Entscheidungen triffst und sinnvolle Gespräche führst.

6. **Endspiel-Romanze**: Sobald die Romanze vollständig etabliert ist, wird sie sich bis ins Endspiel fortsetzen, wo Ihre Entscheidungen den Ausgang der Beziehung beeinflussen können. In einigen Fällen können Romanzen die endgültigen Entscheidungen der Geschichte beeinflussen oder die Art und Weise verändern, wie dein Charakter und der Begleiter in Schlüsselmomenten interagieren.

Gefährtenfähigkeiten: Wie man sie im Kampf und bei der Erkundung einsetzt

Gefährten verfügen über einzigartige Fähigkeiten, die sowohl im Kampf als auch in der Erkundung spielverändernd sein können. Zu lernen, wie sie ihre Fähigkeiten maximieren können, ist entscheidend, um eine abgerundete Party zu schaffen.

- **Kampfsynergie**: Jeder Gefährte verfügt über bestimmte Fähigkeiten, die deine eigenen ergänzen. Wenn du zum Beispiel ein Magier bist, der sich auf Fernzauber konzentriert, kann ein **Kriegergefährte** wie Varric die Hitze von dir nehmen, indem er feindliche Aggro auf sich zieht und Tankschaden verursacht. In der Zwischenzeit **können abtrünnige Gefährten** wie Neve kritischen Schaden verursachen, während du die Massenkontrolle mit Magie bekommst.

- **Umgebungsfähigkeiten**: Einige Gefährten verfügen über Fähigkeiten, die außerhalb des Kampfes nützlich sind und es dir ermöglichen, auf versteckte Bereiche zuzugreifen, Rätsel zu lösen oder magische Artefakte zu aktivieren. **Bellara** zum Beispiel kann mit arkanen Objekten interagieren, neue Wege eröffnen oder geheime Belohnungen freischalten.

- **Kombo-Angriffe**: In einigen Fällen können Gefährten ihre Fähigkeiten mit deinen kombinieren, um verheerende Kombo-Angriffe zu erzielen. Zum Beispiel kann ein

Magiergefährte Feinde an Ort und Stelle einfrieren, sodass dein Krieger sie mit einem mächtigen Nahkampfangriff zerschmettern kann.

Verwalten von Genehmigung und Ablehnung: Tipps für den Erfolg

Das Navigieren in Zustimmungs- und Ablehnungssystemen kann schwierig sein, aber mit der richtigen Herangehensweise können Sie starke Beziehungen zu Ihren Gefährten pflegen und Konflikte vermeiden. Hier sind einige Tipps zum Verwalten von Genehmigungen und Ablehnungen:

1. **Verstehe die Moral jedes Gefährten**: Bevor du wichtige Entscheidungen triffst, solltest du darüber nachdenken, wie sie mit dem persönlichen Kodex deines Gefährten übereinstimmen. Manche Gefährten legen Wert auf Ehre und Gerechtigkeit, während andere pragmatischer oder sogar moralisch

flexibel sind. Wenn du ihre Tendenzen kennst, kannst du unnötige Ablehnung vermeiden.

2. **Balance Group Dynamics**: Nicht jeder Gefährte wird mit jeder Entscheidung einverstanden sein. Wenn du eine kontroverse Entscheidung treffen musst, solltest du in Erwägung ziehen, bestimmte Gefährten an der Basis zu lassen, um sie nicht zu verärgern. Du kannst andere Charaktere mitbringen, die deine Entscheidung unterstützen oder neutral gegenüberstehen.

3. **Entschuldigen Sie sich, wenn nötig**: Wenn eine Entscheidung Missbilligung hervorruft, suchen Sie nach Möglichkeiten, in zukünftigen Gesprächen oder Handlungen Wiedergutmachung zu leisten. Einige Gefährten ermöglichen es dir, wieder Vertrauen aufzubauen, wenn du einen Fehler gemacht hast, aber andere sind vielleicht weniger nachsichtig, also gehe vorsichtig vor.

4. **Schließe persönliche Quests ab**: Persönliche Quests sind eine großartige Möglichkeit, Anerkennung zu erlangen und deine Bindung zu Gefährten zu vertiefen. Das Abschließen dieser Missionen zeigt deinen Gefährten, dass du dich um ihre persönlichen Ziele und Kämpfe kümmerst, was oft zu mehr Loyalität und Anerkennung führt.

Kapitel 4

Fraktionen und Ruf

In *Dragon Age: The Veilguard* spielen Fraktionen eine entscheidende Rolle bei der Gestaltung deiner Reise durch Thedas. Jede Fraktion hat ihre eigene Agenda, ihre eigenen Werte und ihren Einfluss auf die Welt. Die Zusammenarbeit mit verschiedenen Fraktionen sorgt nicht nur für erzählerische Tiefe, sondern schaltet auch besondere Vorteile, Fähigkeiten und Ressourcen frei, die dein Spielerlebnis verbessern können. Zu verstehen, wie man sich im Fraktionssystem zurechtfindet und Reputation aufbaut, ist der Schlüssel zur Entwicklung eines starken, vielseitigen Charakters.

Einführung in die Fraktionen und ihre Bedeutung

Die Fraktionen in *der Schleiergarde* repräsentieren mächtige Gruppen und Organisationen innerhalb von Thedas, jede mit ihren eigenen Überzeugungen und Zielen. Während deiner Reise wirst du mit mehreren dieser Fraktionen interagieren und die Möglichkeit haben, dich mit ihnen zu verbünden, um den Weg deines Charakters und die Wahrnehmung durch NPCs und Gefährten zu gestalten.

Die Fraktionen, mit denen du dich verbündest, können sich auf die Quests auswirken, die du annimmst, die Belohnungen, die du erhältst, und sogar darauf, wie sich die Hauptgeschichte entfaltet. Sie gewähren dir auch bestimmte Vorteile, die auf deinem Ruf bei ihnen basieren, wie z. B. exklusive Ausrüstung, Boni im Kampf oder einzigartige Dialogoptionen, die den Ausgang erheblich beeinflussen können.

Hier sind einige der wichtigsten Fraktionen, denen du begegnen wirst:

- **Graue Wächter**: Die Grauen Wächter, die für ihre Hingabe im Kampf gegen die Verderbnis bekannt sind, sind ein uralter Orden von Kriegern mit einem strengen Moralkodex. Wenn du dich mit ihnen verbündest, erhältst du Zugang zu Boni gegen die Dunkle Brut und exklusive defensive Vorteile.
- **Schleierspringer**: Die Schleierspringer sind Spezialisten im Navigieren durch das Nichts und eine geheimnisvolle Fraktion, die sich mit Gegnern auseinandersetzt, die vom Nichts berührt sind. Sie bieten magische Verbesserungen und Boni im Zusammenhang mit dem Umgang mit geistbasierten Feinden.
- **Antivan-Krähen**: Die Antivan-Krähen sind eine Gilde von Assassinen und Söldnern, die sich auf Tarnung und tödliche Kämpfe spezialisiert haben. Wenn du dich mit ihnen verbündest, erhältst du Boosts bei Attentaten und Stealth-basierten Fähigkeiten sowie

Zugang zu seltenen Gegenständen und Aufträgen.

- **Die Trauerwache**: Die Trauerwache konzentriert sich auf die Jagd auf Dämonen und Untote und gibt dir Boni im Kampf gegen übernatürliche Wesen und ermöglicht es dir, Gebrechen auf Feinde zu stapeln, um zusätzlichen Schaden zu verursachen.
- **Lords of Fortune**: Söldner und Schatzsucher, die Lords of Fortune schätzen Reichtum und Macht über alles andere. Wenn du dich mit ihnen verbündest, erhältst du bessere Belohnungen durch Plünderungen und verbesserten kritischen Schaden im Kampf.

Wie Fraktionen dein Gameplay beeinflussen

Fraktionen beeinflussen verschiedene Aspekte deines Gameplays, von Kampfstrategien über die Handlung bis hin zur Art und Weise, wie du mit Gefährten interagierst. Hier erfährst du, wie die Zugehörigkeit zu einer Fraktion dein Erlebnis prägen kann:

1. **Handlung und Quests**: Einige Quests sind fraktionsspezifisch, und wenn du dich mit bestimmten Fraktionen verbündest, kannst du neue Missionswege eröffnen oder dich von anderen ausschließen. Wenn man sich zum Beispiel auf die Seite der Antivan-Krähen stellt, kann dies zu Attentatsaufträgen führen, bei denen getarnte Spieler belohnt werden, während die Grauen Wächter edlere, kampforientierte Missionen anbieten können.
2. **Kampfboni**: Jede Fraktion bietet Kampfboni, die in bestimmten Situationen nützlich sind. Die Schleierspringer bieten zum Beispiel Vorteile im Kampf gegen Fade-berührte Feinde, während die Grauen Wächter dir einen Schub gegen die Dunkle Brut geben. Die Wahl von Fraktionen, die die Klasse und den Spielstil deines Charakters ergänzen, kann dir

einen erheblichen Vorteil im Kampf verschaffen.

3. **Rufbasierte Belohnungen: Wenn** du dir bei einer Fraktion einen guten Ruf aufbaust, erhältst du Vorteile wie seltene Ausrüstung, Handwerksmaterialien und exklusive Fähigkeiten. Fraktionen können dir auch spezielle Rabatte bei Händlern anbieten oder dir Zugang zu fraktionsspezifischen Händlern mit einzigartigen Gegenständen gewähren.

4. **Reaktionen von Gefährten**: Die Wahl deiner Fraktion kann sich darauf auswirken, wie bestimmte Gefährten über dich denken. Einige Gefährten mögen deine Zugehörigkeit zu einer bestimmten Fraktion gutheißen, während andere es ablehnen könnten, was ihre Loyalität und Bereitschaft, dir zu helfen, beeinträchtigt. Zum Beispiel könnte ein Gefährte mit einem ausgeprägten Gerechtigkeitssinn deine Ausrichtung auf die

Antivan-Krähen nicht mögen, während andere deinen Pragmatismus respektieren könnten.

5. **Dialogoptionen**: Wenn du dich einer Fraktion anschließt, schaltest du oft einzigartige Dialogoptionen frei, wenn du mit NPCs interagierst. Diese können Ihnen mehr Einfluss auf Gespräche geben und Türen zu neuen Allianzen oder Ergebnissen öffnen, die sonst vielleicht nicht verfügbar wären.

Die besten Fraktionen, mit denen du dich je nach Spielstil verbünden kannst

Die Wahl der Fraktion sollte zu deinem allgemeinen Spielstil und den Stärken deines Charakters passen. Hier ist ein Leitfaden, der dir hilft, die beste Fraktion basierend auf deiner Klasse und der Art und Weise, wie du dich am Spiel bevorzugst, zu entscheiden:

- **Für Krieger**:

- ○ **Graue Wächter**: Krieger, die sich auf das Tanken oder den Nahkampf konzentrieren, werden die Verteidigungs- und Gesundheitsboni der Grauen Wächter von unschätzbarem Wert finden. Diese Fraktion ist perfekt für Spieler, die gerne an vorderster Front stehen und Schaden absorbieren, während sie Feinden mächtige Schläge versetzen.
- ○ **Lords of Fortune**: Wenn du es vorziehst, beim Plündern des Schlachtfelds schweren Schaden zu verursachen, bieten die Lords of Fortune Boni für kritische Treffer und bessere Beutebelohnungen, ideal für aggressive, schadensverursachende Krieger.
- **Für Magier**:
  - ○ **Schleierspringer**: Magier profitieren von den magischen Verbesserungen,

die die Schleierspringer bieten, insbesondere wenn sie es mit Gegnern zu tun haben, die vom Verblassen berührt sind. Wenn du einen Magier spielst, der in das Arkane eintaucht, wird diese Fraktion deine magischen Fähigkeiten verstärken und dir neue Zaubersprüche geben, um deine Macht zu verbessern.

- **Die Trauerwache**: Wenn du dich auf den Kampf gegen Dämonen und übernatürliche Wesen spezialisiert hast, bietet die Trauerwache zusätzlichen Schaden gegen diese Art von Feinden. Diese Fraktion ist ideal für Magier, die das Schlachtfeld gerne mit mächtigen Zaubern kontrollieren und ihre Feinde mit Statuseffekten heimsuchen.

• **Für Schurken**:

- **Antivan-Krähen**: Schurken, die von Tarnung, Attentat und kritischen Treffern leben, werden sich bei den Antivan-Krähen wie zu Hause fühlen. Diese Fraktion gewährt Boni auf Tarnfähigkeiten, die es einfacher machen, aus dem Schatten heraus massiven Schaden anzurichten und der Entdeckung zu entgehen.
- **Lords of Fortune**: Für Schurken, die gerne Schatzsuche betreiben und Reichtum anhäufen, bieten die Lords of Fortune Vergünstigungen, die die Qualität der Beute und den kritischen Schaden erhöhen. Diese Fraktion eignet sich hervorragend für Spieler, die gerne schnell zuschlagen und von lukrativen Belohnungen profitieren möchten.

- **Für ausgewogene Spielstile:**
  - **Schleierspringer** oder **Graue Wächter**: Wenn du einen

abgerundeten Ansatz bevorzugst, bieten diese Fraktionen ausgewogene Boni für Kampf und Erkundung. Die Grauen Wächter bieten defensive Vorteile, während die Schleierspringer magische Fähigkeiten verstärken, was sie für die meisten Spieler zu einer vielseitigen Wahl macht.

Verwalten von Rufpunkten und Freischalten von Vergünstigungen

Wenn du dich mit Fraktionen verbündest und Quests abschließt, die ihre Ziele unterstützen, erhältst du **Rufpunkte**. Diese Punkte helfen dir, Vergünstigungen und Belohnungen freizuschalten, von denen dein Charakter sehr profitieren kann. Hier erfährst du, wie du deinen Ruf verwaltest und dein Ansehen bei den Fraktionen maximierst, die du unterstützt:

1. **Schließt fraktionsspezifische Quests** ab: Eine der wichtigsten Möglichkeiten, bei einer Fraktion Ansehen aufzubauen, besteht darin,

Missionen abzuschließen, die auf ihre Ziele abgestimmt sind. Jede Fraktion bietet spezifische Quests an, die zu deinem Ansehen bei ihnen beitragen. Sei dir bei diesen Quests bewusst, denn sie können deinen Ruf entweder erhöhen oder verringern.

2. **Triff fraktionsgebundene Entscheidungen**: In vielen Quests werden dir Dialog- oder Aktionsoptionen präsentiert, die eine bestimmte Fraktion begünstigen. Wenn du Optionen wählst, die mit den Zielen oder Werten deiner Fraktion übereinstimmen, wird dein Ruf gestärkt. Umgekehrt können Handlungen, die gegen die Überzeugungen der Fraktion verstoßen, dich Rufpunkte kosten, also überlege dir gut, bevor du handelst.

3. **Fraktionsspezifische Vorteile**: Wenn du Rufpunkte sammelst, schaltest du Vorteile frei, die es nur für deine gewählte Fraktion gibt. Zu diesen Vergünstigungen gehören möglicherweise:

- **Zugang zu Spezialausrüstung**: Zu den Belohnungen für höherstufige Fraktionen gehören mächtige Rüstungen, Waffen und Handwerksmaterialien.
- **Kampfboni**: Ruf-Meilensteine können passive Fähigkeiten freischalten, die eure Kampfeffektivität gegen bestimmte Feinde erhöhen (z. B. erhöhter Schaden gegen die Dunkle Brut für Verbündete der Grauen Wächter).
- **Exklusive Händler und Rabatte**: Fraktionen haben oft Händler, die seltene Gegenstände zu reduzierten Preisen anbieten, aber nur, wenn dein Ruf hoch genug ist.
- **Spezialfähigkeiten**: Bestimmte Fraktionen gewähren dir Zugang zu Fähigkeiten oder Zaubersprüchen, die

deinen Build verbessern können, insbesondere im Kampf.

4. **Mehrere Fraktionen ausbalancieren**: Es ist möglich, mehrere Fraktionen in unterschiedlichem Maße zu unterstützen, aber sei vorsichtig – einige Fraktionen können widersprüchliche Ziele haben, und es kann schwierig sein, sie auszubalancieren. Konzentriere dich auf eine oder zwei Fraktionen, um deine Vorteile zu maximieren und zu vermeiden, dass du deinen Ruf aufgrund von Zielkonflikten verlierst.

5. **Wiederherstellung des Rufs**: Wenn du aufgrund bestimmter Entscheidungen den Ruf einer Fraktion verlierst, kannst du sie wieder aufbauen, indem du zusätzliche Quests abschließt oder in zukünftigen Missionen Entscheidungen triffst, die auf eine Fraktion ausgerichtet sind. Einige Gefährten oder Fraktionen könnten jedoch weniger nachsichtig sein, also handle strategisch.

Indem ihr euch mit den richtigen Fraktionen verbündet und euren Ruf sorgfältig verwaltet, könnt ihr mächtige Belohnungen freischalten und eure Reise durch *die Schleierwache gestalten*. Egal, ob du dich gegen die edlen Grauen Wächter, die geheimnisvollen Schleierspringer oder die tödlichen Antivaner-Krähen entscheidest, deine Fraktionswahl wird sowohl deine Geschichte als auch dein Gameplay nachhaltig beeinflussen. Lasst es mich wissen, wenn ihr einen Abschnitt erweitern oder eine bestimmte Fraktion genauer erkunden möchtet!

Kapitel 5

Funktionsweise von Fertigkeitsbäumen: Ein Leitfaden zum Aufleveln

Die Fertigkeitsbäume in *Dragon Age: Die Schleierwache* spielen eine entscheidende Rolle bei der Gestaltung der Fähigkeiten, der Kampfeffektivität und des allgemeinen Spielstils deines Charakters. Im Laufe des Spiels und beim Sammeln von Erfahrungspunkten (XP) schaltest du Fertigkeitspunkte frei, mit denen du sowohl Kern- als auch Spezialfähigkeiten entwickeln kannst, sodass du deinen Charakter an deine bevorzugte Strategie im Kampf anpassen kannst. In diesem Abschnitt erfährst du mehr über die Grundlagen von Skill-Bäumen, wie du Kern- und Spezialfähigkeiten ausbalancierst und welche Builds für jede Klasse am besten geeignet sind, um dein Potenzial zu maximieren.

Kernkompetenzen vs. spezialisierte Fähigkeiten

In *The Veilguard* hat jede Klasse (Krieger, Magier, Schurke) Zugriff auf zwei Haupttypen von Fähigkeiten: **Kernfertigkeiten** und **Spezialfähigkeiten**. Den Unterschied zwischen diesen Fertigkeitstypen zu verstehen und in sie zu investieren, ist der Schlüssel zur Entwicklung eines mächtigen Charakters.

1. **Kernkompetenzen**:
    - Dies sind die grundlegenden Fähigkeiten, die deiner Klasse von Beginn des Spiels an zur Verfügung stehen. Die Kernfähigkeiten bieten wichtige Kampftechniken und Ressourcenmanagementfähigkeiten, auf die sich jeder Charakter in deiner Klasse verlassen kann.

- Zu den Kernfähigkeiten eines **Kriegers** gehören zum Beispiel normale Angriffe, Blocken und Wuterzeugung, während die Kernfähigkeiten eines **Magiers** Manamanagement, Elementarzauber und grundlegendes Wirken umfassen.
- Kernfertigkeiten sind oft so konzipiert, dass sie vielseitig sind und eine Vielzahl von Spielstilen unterstützen, was sie unabhängig davon nützlich macht, für welchen Spezialisierungsweg du dich letztendlich entscheidest.

2. **Spezialisierte Fähigkeiten:**
   - Sobald du eine bestimmte Stufe erreicht hast, kannst du einen Spezialisierungsweg innerhalb deiner Klasse wählen. Jede Klasse verfügt über drei einzigartige Spezialisierungsoptionen, und jede Spezialisierung bietet ihre eigenen

Spezialfähigkeiten, die deine Kampffähigkeiten erheblich verbessern können.
- Spezialisierte Fertigkeiten sind fortgeschrittener und konzentrieren sich auf einen bestimmten Kampfstil oder eine bestimmte Rolle innerhalb deiner Klasse. Zum Beispiel kann sich ein **Schurke** als Duellant **spezialisieren und** Fähigkeiten erwerben, die das Ausweichen und Gegenangriffe verbessern, während ein **Magier sich als** Zauberklinge **spezialisieren kann**, wodurch Nahkampf mit blitzbasierter Magie kombiniert wird.
- Diese Fähigkeiten ermöglichen eine größere Anpassung und helfen dabei, deine Rolle innerhalb der Gruppe zu definieren, wodurch dein Charakter in

einem bestimmten Kampfbereich sehr effektiv wird.

Die besten Builds für jede Klasse

Beim Aufleveln und Zuweisen von Fertigkeitspunkten ist es wichtig, dass du dir überlegst, wie dein Charakter im Kampf abschneiden soll. Jede Klasse bietet eine Vielzahl von Baupfaden, abhängig von den Kernfertigkeiten und Spezialisierungen, die du wählst. Hier sind einige empfohlene Builds für jede Klasse:

1. **Krieger**:
    - **Panzer-Build (Champion-Spezialisierung)**:
        - Dieser Build konzentriert sich auf die Maximierung der Verteidigung, Massenkontrolle und die Fähigkeit, Schaden zu absorbieren. Es ist perfekt für Spieler, die gerne an vorderster

Front stehen und ihre Gruppe beschützen.

- **Kernfähigkeiten**: Investiere in **Schildblock**, **Spott** und **Tapferkeit**, um deine Überlebensfähigkeit zu erhöhen.
- **Spezialisierte Fähigkeiten**: Wähle die Spezialisierung **"Champion"** und konzentriere dich auf Fähigkeiten wie **"Entschlossenheit der Vorhut"** (die die Verteidigung erhöht und mit Zeit heilt) und **"Schildwall"**, um große Gruppen von Feinden aufzuhalten.
- **Skill-Strategie**: Weisen Sie frühzeitig Skill-Punkte für defensive Fähigkeiten zu und konzentrieren Sie sich dann

später im Spiel auf Massenkontrolle und Heilung.
- **Schadensverursacher-Build (Schlächter-Spezialisierung):**
  - Wenn du es vorziehst, an der Front massiven Schaden zu verursachen, konzentriert sich dieser Build auf Zweihandwaffen und rohe Angriffskraft.
  - **Kernfertigkeiten**: Priorisiere "Spalten", "Schwerer Schlag" und "Wuterzeugung" für hohen Schaden.
  - **Spezialisierte Fähigkeiten**: Wähle die Spezialisierung "Schlächter" und investiere in Fähigkeiten wie "Wirbelwind" (für Flächenschaden) und "Berserker" (der den Schaden

auf Kosten der Verteidigung erhöht).

- **Skill-Strategie**: Konzentriere dich darauf, deine Wut aufzubauen und sie zu nutzen, um verheerende Angriffe auf Feinde zu entfesseln.

2. **Magier**:
   - **Elementarkontroll-Build (Beschwörer-Spezialisierung)**:
     - Dieser Build ist für Magier, die es vorziehen, das Schlachtfeld mit Elementarmagie zu kontrollieren und Feuer, Eis und Blitz zu verwenden, um Gegnern aus der Ferne Schaden zuzufügen und sie außer Gefecht zu setzen.
     - **Kernfähigkeiten**: Investiere in **Elementarblitz, Frostnova** und

Arkanschlag, um alle Elementartypen abzudecken.
- **Spezialisierte Fähigkeiten: Konzentriere dich** als Beschwörer auf Fähigkeiten wie **Eissturm** (um Gruppen von Feinden einzufrieren) und **Arkane Meisterschaft** (die den gesamten Elementarschaden erhöht).
- **Geschicklichkeitsstrategie:** Kombiniere deine offensiven Elementarfähigkeiten mit Kontrollzaubern, die es dir ermöglichen, Feinde einzufrieren, zu verbrennen oder zu schocken, während deine Gruppe sie erledigt.
  - **Kampfmagier-Build (Spezialisierung auf Zauberklinge):**

- Für Spieler, die beim Wirken von Zaubern gerne auf Tuchfühlung gehen, kombiniert der **Spellblade-Build Nahkampf mit blitzbasierter Magie.**
- **Kernfertigkeiten:** Priorisiere **Blitzschlag, Manaregeneration** und **Schnellzauber** für schnelle, mächtige Angriffe.
- **Spezialisierte Fähigkeiten:** Konzentriere dich als **Zauberklinge** auf Fertigkeiten wie **Donnerschlag** (der Gegner in der Nähe mit Blitzen trifft) und **Manaklinge** (ein Nahkampfangriff, der Blitzschaden verursacht).
- **Fertigkeitsstrategie:** Konzentriere dich auf schnelle,

stoßartige Angriffe und wechsle zwischen Nahkampf und Zaubern auf mittlere Entfernung.

3. **Schurke**:
   - **Assassinen-Build (Duellanten-Spezialisierung)**:
     - Dieser Build konzentriert sich auf Tarnung, Ausweichen und das Verursachen kritischer Treffer, um Feinde schnell und lautlos zu besiegen.
     - **Kernfähigkeiten**: Investiere in **Hinterhältigkeit**, **Tarnung** und **Ausweichen**, um deinen Schaden zu maximieren und gleichzeitig nicht in Gefahr zu geraten.
     - **Spezialisierte Fähigkeiten**: **Konzentriere dich** als Duellant auf Fähigkeiten wie **Riposte**

(die feindliche Angriffe kontert) und **Verschwinden** (mit denen du während des Kampfes entkommen und dich neu positionieren kannst).

- **Skill-Strategie:** Priorisiere Angriffe mit hohem Schaden, die kritische Punkte von Gegnern treffen, und nutze Stealth, um dich unentdeckt zu nähern.

○ **Fallen-Spezialisten-Build (Saboteur-Spezialisierung):**

- Dieser Build ist für Schurken, die es vorziehen, das Schlachtfeld mit Fallen und Massenkontrollfähigkeiten zu kontrollieren und Feinde zu schwächen, bevor sie zuschlagen.
- **Kernfähigkeiten:** Konzentriere dich auf **Sprengfalle**, **Giftpfeil**

und **Entwaffnung** für einen taktischen Ansatz im Kampf.

- **Spezialisierte Fähigkeiten:** Investiere als **Saboteur** in Fertigkeiten wie **Fallenmeisterschaft** (die deine Fallen verbessert) und **Giftwolke** (die Flächenschaden über Zeit verursacht).
- **Geschicklichkeitsstrategie:** Verwende Fallen, um Gegner außer Gefecht zu setzen und ihnen Schaden zuzufügen, und erledige sie dann mit kritischen Treffern, wenn sie geschwächt sind.

Tipps für die effiziente Verteilung von Fertigkeitspunkten

Die effiziente Verteilung von Fertigkeitspunkten kann einen großen Unterschied in der Kampfeffektivität und dem gesamten Gameplay ausmachen. Hier sind einige Tipps, die Ihnen helfen, Ihren Skill-Baum mit Bedacht zu verwalten:

1. **Priorisiere frühzeitig die Kernfähigkeiten**: Konzentriere dich in den frühen Phasen des Spiels darauf, die Kernfähigkeiten zu verbessern, die dir eine solide Grundlage im Kampf geben. Diese Fähigkeiten helfen dir, härtere Kämpfe zu überleben und bieten eine solide Basis für die spätere Spezialisierung. Zum Beispiel sollten Krieger in **Schildblock** oder **Spalten** investieren, während Magier **Elementarschlag** oder **Manaregeneration Vorrang einräumen sollten.**
2. **Balance zwischen Angriff und Verteidigung**: Unabhängig von deiner Klasse ist es wichtig, offensive und defensive Fähigkeiten auszubalancieren. Ein reiner Schadens-Build mag verlockend erscheinen,

aber ohne defensive Fähigkeiten wirst du in längeren Kämpfen verwundbar sein. Achte darauf, Punkte in Fähigkeiten zu vergeben, die es dir ermöglichen, zu überleben, wie **z. B. Heilzauber** (für Magier) oder **Spott** (für Krieger).

3. **Spezialisiere dich, wenn die Zeit reif ist**: Sobald du die Spezialisierung auf höheren Stufen freigeschaltet hast, konzentriere dich auf die Fähigkeiten, die deine Kernkompetenzen ergänzen. Wenn du deinen Magier zum Beispiel um Elementarzauber herum aufgebaut hast, wird die Spezialisierung des **Beschwörers** diese Fähigkeiten verbessern. Umgekehrt, wenn du als Magier den Nahkampf bevorzugst, funktioniert die **Spezialisierung Zauberklinge** besser.

4. **Denke über deine Gruppenzusammensetzung nach**: Denke darüber nach, wie die Fähigkeiten deiner

Gefährten deine eigenen ergänzen, wenn du Fertigkeitspunkte verteilst. Wenn deine Gefährten Heilung oder Massenkontrolle abdecken, solltest du dich vielleicht auf Fähigkeiten konzentrieren, die Schaden verursachen. Wenn du keinen Tank in deiner Gruppe hast, solltest du in Erwägung ziehen, defensive Fähigkeiten für deinen Hauptcharakter oder einen Begleiter zu entwickeln.

5. **Hab keine Angst vor Experimenten**: Wenn du aufsteigst, sammelst du genug Fertigkeitspunkte, um mit verschiedenen Builds zu experimentieren. Wenn eine bestimmte Fertigkeit für dich nicht funktioniert, versuche, in einen anderen Zweig des Fertigkeitsbaums zu investieren, um zu sehen, ob sie besser zu deinem Spielstil passt. Speichert oft und verwendet verschiedene Builds, um zu sehen, welche Kombination für

die Synergie eurer Gruppe am besten geeignet ist.

6. **Spare Skillpunkte für Schlüsselfähigkeiten:** Manchmal ist es besser, ein paar Skillpunkte zu sparen, anstatt sie sofort auszugeben, vor allem, wenn du kurz davor stehst, eine mächtige Fähigkeit freizuschalten, die deine Effektivität erheblich steigern könnte. Halte Ausschau nach Fertigkeiten mit längeren Abklingzeiten oder die große Kampfboni bieten.

Kapitel 6

Gegenstände und Herstellung in Dragon Age: Die Schleierwache

Dragon Age: The Veilguard bietet ein reichhaltiges Gegenstands- und Crafting-System, das es den Spielern ermöglicht, ihre Ausrüstung im Laufe des Spiels anzupassen und zu verbessern. Von Waffen und Rüstungen bis hin zu seltenen Handwerksmaterialien ist die Beherrschung des Handwerkssystems unerlässlich, um sicherzustellen, dass dein Charakter und deine Gefährten mächtig und gut ausgerüstet bleiben. In diesem Abschnitt geht es um die verschiedenen Arten von Ausrüstung, das Herstellungssystem und wie der Ruf der Fraktion und das Sammeln von Materialien die Qualität eurer Ausrüstung beeinflussen.

Übersicht über Waffen, Rüstungen und Ausrüstung

Im Laufe deiner Reise in *The Veilguard* erwirbst du eine Vielzahl von Waffen, Rüstungen und Ausrüstungsgegenständen, die die Fähigkeiten deines Charakters verbessern. Wenn du verstehst, welche Arten von Ausrüstung verfügbar sind und wie du sie effektiv einsetzt, verschafft dir das einen Vorteil sowohl im Kampf als auch in der Erkundung.

1. **Waffen:**
    - Die Waffen sind auf jede Klasse zugeschnitten, mit verschiedenen Typen, die zu unterschiedlichen Kampfstilen passen. Krieger führen schwere Waffen wie Schwerter, Äxte und Hämmer, während Schurken auf Dolche, Bögen und Armbrüste angewiesen sind. Magier verwenden

Stäbe und Zauberstäbe, um mächtige Zauber aus der Ferne zu wirken.
- Waffen kommen mit Attributen wie **Schaden**, **Geschwindigkeit** und **Reichweite**, die durch Crafting oder Verzauberungen weiter verbessert werden können.
- Einige Waffen können auch einzigartige Fähigkeiten oder elementare Eigenschaften (wie Feuer, Eis oder Blitz) haben, mit denen man die Schwächen des Feindes ausnutzen kann.

2. **Rüstung**:
   - Rüstung bietet Schutz vor feindlichen Angriffen und kann deine Verteidigung, Gesundheit und Resistenz gegen Elementarschaden erhöhen.
   - Für jede Klasse stehen verschiedene Rüstungstypen zur Verfügung:

- **Schwere Rüstung** für Krieger: Bietet den höchsten Schutz, kann aber die Bewegung verlangsamen.
- **Mittlere Rüstung** für Schurken: Bietet ein ausgewogenes Verhältnis von Verteidigung und Mobilität.
- **Leichte Rüstung** für Magier: Priorisiert Mobilität und Magieresistenz gegenüber physischer Verteidigung.
  - Rüstungen können auch mit Runen oder Materialien aufgewertet werden, um ihre Effektivität im Kampf zu erhöhen.

3. **Ausrüstung und Zubehör**:
   - Accessoires wie **Ringe**, **Amulette** und **Schmuckstücke** bieten zusätzliche Werte-Boosts, wie z. B. eine erhöhte kritische Trefferchance,

Manaregeneration oder Lebenswiederherstellung.
- Diese Gegenstände können in harten Kämpfen das Spiel verändern, indem sie kleine, aber entscheidende Boni bieten, die dir die Oberhand geben.

Die Seltenheit von Ausrüstung verstehen (Gewöhnlich, Ungewöhnlich, Selten)

Die Seltenheit der Ausrüstung in *The Veilguard* spielt eine wichtige Rolle bei der Bestimmung der Macht und des Potenzials von Waffen, Rüstungen und Zubehör. Hier ist eine Aufschlüsselung der verschiedenen Seltenheitsstufen und was sie für deine Ausrüstung bedeuten:

1. **Gängige Ausrüstung**:
   - Gewöhnliche Ausrüstung ist die grundlegendste Art von Ausrüstung, die du im Spiel findest. Es bietet

Standardwerte und wenig bis gar keine zusätzlichen Boni. Gewöhnliche Ausrüstung ist oft schnell zu klein, aber sie ist in der Anfangsphase nützlich, wenn die Ressourcen begrenzt sind.
- Beispiel: Einfache Schwerter, Schilde oder Stäbe ohne Elementar- oder Werteboni.

2. **Ungewöhnliche Ausrüstung:**
   - Ungewöhnliche Ausrüstung bietet verbesserte Werte als gewöhnliche Gegenstände und kommt oft mit ein oder zwei zusätzlichen Boni, wie z. B. erhöhtem Schaden oder Elementarresistenz.
   - Ungewöhnliche Gegenstände sind ideal für den Fortschritt im mittleren Spiel und können durch Crafting aufgewertet werden, um auch beim Stufenaufstieg relevant zu bleiben.

- Beispiel: Eine Axt mit einem Schadensbonus von +5 und Feuerwiderstand.
3. **Seltene Ausrüstung**:
    - Seltene Ausrüstung ist aufgrund ihrer überlegenen Werte und zahlreichen Boni sehr begehrt. Diese Gegenstände verfügen oft über einzigartige Fähigkeiten, wie z. B. erhöhten kritischen Trefferschaden oder Spezialeffekte wie Lebensentzug.
    - Seltene Ausrüstung findet man in der Regel in Schatztruhen, durch Fraktionsbelohnungen oder durch das Besiegen mächtiger Bosse.
    - Beispiel: Ein Magierstab, der Blitzschaden verursacht, die Manaregeneration erhöht und gelegentlich Gegner betäubt.
4. **Legendäre oder epische Ausrüstung** (falls verfügbar):

- Die höchste Stufe von Ausrüstung, legendären oder epischen Gegenständen bietet spielverändernde Fähigkeiten und Werte. Diese Gegenstände sind selten und in der Regel an wichtige Story-Missionen, Fraktionsbelohnungen oder versteckte Sammlerstücke gebunden.
- Beispiel: Ein legendäres Schwert, das erhöhten kritischen Schaden verursacht, den Benutzer bei jedem Treffer heilt und eine Chance hat, eine Schutzbarriere zu beschwören.

Crafting-System: Wie du deine Ausrüstung aufrüstest und verbesserst

Das Crafting-System in *The Veilguard* ermöglicht es dir, deine Ausrüstung zu verbessern, neue Gegenstände herzustellen und Verbesserungen anzuwenden, die die Leistung deines Charakters im Kampf steigern. Das Crafting wird im Laufe des Spiels immer wichtiger und verschafft dir einen Vorteil in härteren Begegnungen und Bosskämpfen. So funktioniert das Crafting-System:

1. **Aufrüsten vorhandener Ausrüstung**:
    - Im Laufe des Spiels sammelst du Handwerksmaterialien, mit denen du Waffen und Rüstungen aufrüsten kannst. Ein Upgrade verbessert die Grundwerte deiner Ausrüstung und macht sie mächtiger, ohne dass du sie ersetzen musst.
    - Um deine Ausrüstung zu verbessern, besuche Handwerksstationen an wichtigen Orten wie **dem Leuchtturm** (deiner Operationsbasis) oder bestimmten Fraktionsfestungen. Verwende Materialien wie **Eisen**, **Leder** und **arkanen Staub**, um Waffen und Rüstungen zu verbessern.

- Beispiel: Das Aufwerten eines Schwertes kann seinen Grundschaden von 20 auf 30 erhöhen, wodurch es im Kampf effektiver wird.

2. **Neue Ausrüstung herstellen**:
   - Wenn du auf der Suche nach etwas Bestimmtem bist, kannst du mit Blaupausen und Materialien völlig neue Ausrüstung von Grund auf neu herstellen. Blaupausen findet man in der Regel, indem man Quests abschließt, versteckte Gebiete erkundet oder sie als Belohnungen von Fraktionen verdient.
   - Die Herstellung neuer Ausrüstung gibt dir die Freiheit, Gegenstände zu erstellen, die perfekt zu deinem Spielstil passen. Du kannst Attribute auswählen, die zu deinem Build passen, wie z. B. Schadenserhöhung, Erhöhung

der Gesundheit oder Hinzufügen von Elementarresistenz.
- Beispiel: Herstellung eines Sets leichter Rüstung mit erhöhter Manaregeneration und Elementarresistenz für einen Magier-Build.

3. **Anwenden von Verbesserungen (Runen, Edelsteine und Verzauberungen):**
   - Viele Waffen und Rüstungsteile haben Slots für Runen, Edelsteine oder Verzauberungen, die zusätzliche Boni wie Elementarschaden, erhöhte Verteidigung oder Bonuswerte bieten können.
   - Sammle Runen oder Verzauberungsmaterialien aus Quests, Dungeons oder indem du sie aus seltenen Materialien herstellst. Diese Verbesserungen können die Leistung deiner Ausrüstung erheblich erhöhen.

- Beispiel: Das Hinzufügen **einer Feuerrune** zu einem Schwert, die jedem Schlag zusätzlichen Feuerschaden hinzufügt.

Wie sich der Ruf der Fraktion auf Ausrüstung und Handwerk auswirkt

Der Ruf der Fraktion hat einen direkten Einfluss auf die Qualität der Ausrüstung, die dir zur Verfügung steht, sowie auf die Materialien, auf die du für die Herstellung zugreifen kannst.

1. **Exklusive Ausrüstung:**
    - Jede Fraktion bietet exklusive Ausrüstung, die freigeschaltet wird, wenn du mit ihnen Rufpunkte sammelst. Diese Ausrüstung hat oft einzigartige Attribute oder Fähigkeiten, die durch normale Beuteabwürfe nicht verfügbar sind.

- Beispiel: Die **Grauen Wächter** können schwere Rüstungen mit erhöhter Widerstandsfähigkeit gegen Angriffe der Dunklen Brut bieten, während die **Antivaner-Krähen** Tarnwaffen bieten, die zu einem Schurken-Build passen.

2. **Fraktionshändler:**
   - Einige Fraktionen haben bestimmte Händler, die seltene Handwerksmaterialien oder mächtige Gegenstände verkaufen. Wenn du deinen Ruf aufbaust, erhältst du Zugang zu diesen Händlern, die es dir ermöglichen, hochstufige Gegenstände und Handwerksmaterialien zu kaufen.
   - Beispiel: Ein **Händler für Schleierspringer** verkauft seltene magische Artefakte, die deine Zaubersprüche verstärken, während ein **Händler für Trauerwache**

mächtige Waffen für den Kampf gegen Dämonen anbietet.

3. **Baupläne herstellen**:
   - Wenn euer Ruf bei einer Fraktion steigt, werdet ihr möglicherweise mit Handwerksblaupausen belohnt, mit denen ihr fraktionsspezifische Ausrüstung herstellen könnt. Diese Blaupausen schalten oft mächtige Gegenstände frei, die für Begegnungen im späten Spiel unerlässlich sind.
   - Beispiel: Eine Blaupause für einen mächtigen verzauberten Schild, der erst hergestellt werden kann, wenn er eine hohe Rufstufe bei den **Herren des Glücks** erreicht hat.

Sammeln und Verwenden von Handwerksmaterialien

Handwerksmaterialien sind unerlässlich, um neue Ausrüstung aufzurüsten und herzustellen. Zu verstehen, wo diese Materialien zu finden sind und wie man sie effektiv einsetzt, ist der Schlüssel, um immer einen Schritt voraus zu sein.

1. **Arten von Handwerksmaterialien:**
    - **Grundmaterialien**: Gängige Materialien wie Eisen, Holz und Leder sind überall in Thedas zu finden und werden zum Aufrüsten von Ausrüstung niedrigerer Stufen verwendet.
    - **Seltene Materialien**: Gegenstände wie **Drachenknochen**, **Silberit** und **Blutlotus** sind seltener und werden für die Herstellung von hochstufigen Waffen und Rüstungen verwendet. Diese Materialien sind oft an schwer zugänglichen Orten oder als Belohnung für das Besiegen mächtiger Feinde zu finden.

- **Magische Materialien**: Arkane Materialien wie **verblasste Essenz** oder **Geisterstaub** sind notwendig, um verzauberte Ausrüstung oder mächtige magische Gegenstände herzustellen. Diese sind in der Regel in Gebieten zu finden, die mit dem Nichts oder von magischen Feinden in Verbindung stehen.

2. **Wo finde ich Handwerksmaterialien**:
    - **Erkundung**: Viele Materialien kannst du finden, wenn du die Welt von Thedas erkundest. Durchsuche Höhlen, Wälder und Ruinen nach Materialien, die in Truhen, bei Feinden oder als Nahaufnahmen versteckt sind.
    - **Quests und Bosse**: Das Abschließen von Quests und das Besiegen von Bossen belohnt dich oft mit seltenen Handwerksmaterialien. Überprüfe die Beute nach größeren Begegnungen

immer auf wertvolle Crafting-Komponenten.
- **Fraktionshändler**: Wie bereits erwähnt, können Fraktionen, bei denen du dir einen guten Ruf erarbeitet hast, seltene Handwerksmaterialien über ihre Händler anbieten.

3. **Handwerksmaterialien effizient nutzen:**
   - Konzentriere dich darauf, Materialien zu sammeln, die zum Build deines Charakters passen. Wenn du zum Beispiel einen Magier spielst, priorisiere magische Materialien zur Verbesserung von Zaubersprüchen, während Krieger nach Materialien suchen sollten, die die physische Verteidigung oder die Angriffskraft erhöhen.
   - Verwende keine seltenen Materialien für Ausrüstung im frühen Spiel. Spare dir diese für hochstufige Ausrüstung

auf, die länger hält und in härteren Kämpfen größere Vorteile bietet.

Kapitel 7

Story-Komplettlösung für Dragon Age: The Veilguard

Dragon Age: The Veilguard bietet eine reichhaltig verwobene Erzählung voller schwieriger Entscheidungen, intensiver Kämpfe und verzweigter Handlungsstränge, die den Ausgang deiner Reise prägen werden. Jeder Akt präsentiert wichtige Ereignisse, wichtige Entscheidungen und Quests, die sich nicht nur auf deinen Charakter, sondern auch auf die Welt von Thedas auswirken. Diese Anleitung führt dich durch die kritischen Momente jeder Handlung, die Konsequenzen deiner Entscheidungen und Strategien zum Abschließen wichtiger Quests und zum Besiegen wichtiger Feinde.

Akt 1: Wichtige Ereignisse und Entscheidungen

Akt 1 führt dich in die Welt von *The Veilguard* ein und bereitet die Bühne für deine Reise. Hier wirst du in den Konflikt hineingeworfen, da der Schleier zwischen Thedas und dem Nichts in Gefahr ist, zusammenzubrechen, was in beiden Reichen Chaos anrichten würde. Akt 1 ist gefüllt mit einleitenden Quests, wichtigen Entscheidungen und wichtigen Allianzen, die den Rest des Spiels prägen werden.

Wichtige Ereignisse:

1. **Einführung in Minrathous**: Das Spiel beginnt damit, dass du (als Rook, der Protagonist) in der Stadt Minrathous Zeuge des Beginns von Solas' gefährlichem Ritual wirst. Dies führt zu einer großen Konfrontation mit Solas und gibt den Ton für den Rest des Spiels an, während du daran arbeitest, ihn und die uralten Götter,

die er unbeabsichtigt entfesselt hat, aufzuhalten.
2. **Rekrutierung wichtiger Gefährten**: Schon früh triffst du auf **Varric**, **Bellara** und **Neve**, die zu zentralen Figuren in deiner Gruppe werden. Jeder dieser Begleiter bringt einzigartige Fähigkeiten und Perspektiven mit, die Ihre Entscheidungen beeinflussen werden.
3. **Erste Konfrontation mit Solas**: Nachdem das Ritual in Gang gesetzt wurde, hast du eine Begegnung von Angesicht zu Angesicht mit Solas, bei der du wählen kannst, wie du dich ihm näherst – sarkastisch, aggressiv oder diplomatisch. Diese frühen Entscheidungen werden sich darauf auswirken, wie Solas dich in zukünftigen Begegnungen sieht.
4. **Einführung der Fraktionen**: Akt 1 stellt dir die verschiedenen Fraktionen vor, die um Einfluss in Thedas wetteifern. In den ersten Quests interagierst du unter anderem mit den **Grauen Wächtern, den Schleierspringern**

und den **Antivan-Krähen**. Diese frühen Interaktionen helfen dabei, mit welcher Fraktion du dich schließlich verbündest, was sich auf Quests und den Fortschritt der Geschichte auswirkt.

Wichtige Entscheidungen und ihre Folgen

1. **Entscheidung: Solas entkommen lassen oder versuchen, ihn gefangen zu nehmen:**
    - **Lass Solas entkommen**: Wenn du dich entscheidest, Solas gehen zu lassen, wird dies in späteren Akten zu einer sympathischeren Beziehung zu ihm führen. Er ist vielleicht eher bereit, seine Motive zu erklären, und du hast vielleicht diplomatischere Optionen, wenn du mit ihm interagierst.
    - **Versuch, Solas zu fangen**: Die Entscheidung, Solas gefangen zu

nehmen, führt zu einer feindseligen Beziehung. Diese Entscheidung wird zu direkteren Konfrontationen und möglicherweise aggressiveren Ergebnissen führen.

2. **Entscheidung: Früh mit einer Fraktion verbünden**:
    - Du hast die Möglichkeit, deine Beziehung zu einer der großen Fraktionen aufzubauen, wie z.B. den **Grauen Wächtern** oder den **Schleierspringern**. Wenn du dich früh ausschließt, erhältst du bestimmte Quests, die an diese Fraktion gebunden sind, aber es kann dich von bestimmten Missionen oder Belohnungen anderer Fraktionen ausschließen.

3. **Entscheidung: Harding retten oder opfern**:
    - Zu Beginn von Akt 1 musst du dich entscheiden, ob du **Harding** (einen Verbündeten) retten oder ein wichtiges

Ziel verfolgen willst. Die Rettung von Harding führt dazu, dass sie zu einer treuen Gefährtin wird, die bei zukünftigen Missionen helfen kann, während ihr Opfern dein Ansehen bei bestimmten Fraktionen stärkt, dich aber ihre Unterstützung kosten könnte.

Verzweigte Handlungsstränge: Wie man verschiedene Wege navigiert

Akt 1 legt den Grundstein für die verzweigten Handlungsstränge im Spiel. Deine Entscheidungen in diesem Akt können die Quests und Interaktionen, die in späteren Akten verfügbar sind, drastisch beeinflussen.

- **Fraktionen**: Je nachdem, mit welcher Fraktion du dich verbündest, verschieben sich deine Quests und dein Story-Weg. Wenn du dich zum Beispiel auf die Seite der **Antivan-Krähen stellst**, kannst du Attentate und

Stealth-Quests erledigen, während die **Grauen Wächter** ehrenhafte, kampforientierte Missionen anbieten.

- **Gefährtenloyalität:** Die Art und Weise, wie du frühzeitig mit deinen Gefährten interagierst, wirkt sich auf ihre Loyalität und Hilfsbereitschaft aus. Stellen Sie sicher, dass Sie regelmäßig in einen Dialog treten und Entscheidungen treffen, die mit ihren Werten übereinstimmen, um starke Beziehungen zu pflegen.

Wichtige Quests und wie man sie abschließt

1. **Quest: Der erste Splitter:**
   - **Ziel:** Diese Quest stellt euch vor die Aufgabe, einen mächtigen magischen Splitter zu bergen, der entweder zur Stärkung eurer Fähigkeiten verwendet oder gegen den Einfluss der Fraktion eingetauscht werden kann.

- **Wie man es** abschließt: Der Splitter befindet sich im **Arlathan Wald**, versteckt hinter einer Reihe von Rätseln und Feindbegegnungen. Nutze **Bellaras** Fähigkeiten, um magische Artefakte zu manipulieren und verborgene Wege zu öffnen. Seid bereit für Hinterhalte von Gegnern, die vom Verblassen berührt wurden.

2. **Quest: Die Prüfung des Schleierspringers**:
    - **Ziel**: Um dich den **Schleierspringern zu beweisen**, musst du einen gefährlichen Abschnitt des Nichts durchqueren und einen mächtigen Dämon besiegen.
    - **Wie man sie abschließt**: Diese Quest erfordert einen sorgfältigen Einsatz von Magie und Tarnung. Nimm **Neve** mit, denn sie hat die Fähigkeit, die Zeit zu verlangsamen, was dir helfen wird, Fallen und Feinden im Nichts

auszuweichen. Um den Dämon zu besiegen, muss man seine Schwäche gegenüber Blitzmagie ausnutzen.

3. **Quest: Krähen in der Dunkelheit:**
    - **Ziel**: Wenn du dich mit den **Antivan-Krähen verbündest**, hast du die Aufgabe, eine hochrangige politische Figur zu eliminieren.
    - **Wie man abschließt**: Tarnung und Planung sind hier der Schlüssel. Nutzt **Neves** Fallen und **Varrics** Fernkampfangriffe, um Wachen lautlos auszuschalten. Das Attentatsziel ist gut bewacht, also erwäge, Ablenkungen zu nutzen, um die feindlichen Truppen zu spalten.

Bosskämpfe und Schlüsselkämpfe in jedem Akt

1. **Bosskampf: Revenant Lord im Arlathan Wald:**
    - **Strategie:** Dieser harte Boss verwendet eine Kombination aus physischen Angriffen und nekromantischer Magie. Bringt eine ausgewogene Gruppe mit einem Tank (wie **Varric**) mit, der Schaden absorbiert, und einem Heiler, der eure Gruppe am Leben hält. Setze Feuermagie ein, um seine Regenerationsfähigkeiten zu kontern.
2. **Bosskampf: Dämon des Bedauerns in der Prüfung des Schleierspringers:**
    - **Strategie:** Dieser Boss, der auf dem Verblassen basiert, ist anfällig für Blitze und Zeitmanipulationen. **Neves** Fähigkeit, die Zeit zu verlangsamen, ist hier entscheidend, damit du Zeit hast, dich zu heilen und neu zu gruppieren. Konzentriere dich darauf, seinen

Flächenangriffen auszuweichen, und schlage zu, wenn er taumelt.

Alternative Enden freischalten

Deine Aktionen in Akt 1 bereiten die Bühne für die verschiedenen Enden des Spiels. Zu den wichtigsten Entscheidungen, die das Ende beeinflussen, gehören:

- **Fraktionsausrichtung**: Wenn du dich frühzeitig mit bestimmten Fraktionen verbündest, werden bestimmte Endpfade geöffnet oder geschlossen. Wenn man sich zum Beispiel auf die Seite der **Grauen Wächter stellt**, kann dies zu einem heroischen, opferbringenden Ende führen, während die **Antivan-Krähen** zu einem moralisch zweideutigeren Ende führen können.
- **Solas' Schicksal**: Die Art und Weise, wie du im Laufe des Spiels mit Solas interagierst – ob du versuchst, mit ihm zur Vernunft zu kommen oder ihn aggressiv zu konfrontieren –

entscheidet darüber, ob du am Ende eine diplomatische Lösung oder einen offenen Kampf erreichst.

Kapitel 8

Häufig gestellte Fragen (FAQ)

Beim Eintauchen in *Dragon Age: The Veilguard* stehen die Spieler oft vor vielen Fragen zur Klassenauswahl, zum Gefährtenmanagement, zur Fraktionsdynamik und zum Entschlüsseln verborgener Geheimnisse. Hier ist eine umfassende FAQ, die dich durch einige der häufigsten Probleme der Spieler führt, um sicherzustellen, dass du das Beste aus deiner Reise durch Thedas herausholst.

1. Was ist die beste Klasse, die ich wählen kann?

Die Wahl der richtigen Klasse in *The Veilguard* hängt ganz von deinem bevorzugten Spielstil ab. Jede Klasse bietet einzigartige Stärken und Fähigkeiten, die für unterschiedliche Ansätze im Kampf und in der

Erkundung geeignet sind. Hier ist eine kurze Aufschlüsselung, die Ihnen bei der Entscheidung hilft:

- **Krieger**: Ideal für Spieler, die es vorziehen, an vorderster Front zu stehen. Krieger sind ausgezeichnete Tanks, die in der Lage sind, Schaden zu absorbieren und ihre Gefährten zu beschützen. Wenn du Nahkampf und schwere Rüstungen magst, ist die Kriegerklasse perfekt für dich. Spezialisierungen wie **Champion** eignen sich hervorragend zum Tanken, während **Slayer** einen hohen DPS (Schaden pro Sekunde) für Spieler bietet, die gerne massive Schläge austeilen.
- **Magier**: Für Spieler, die es lieben, das Schlachtfeld mit Magie zu kontrollieren, bietet die Magierklasse eine Mischung aus mächtigen Elementarzaubern und Unterstützungsfähigkeiten. Magier können aus der Ferne schweren Schaden anrichten und ihre Gefährten heilen oder stärken. Spezialisierungen wie **Beschwörer**

konzentrieren sich auf verheerende Elementarangriffe, während **Zauberklinge** Magie mit Nahkampf kombiniert.

- **Schurke**: Schurken zeichnen sich durch Tarnung, Attentate und hohen kritischen Trefferschaden aus. Wenn du schnelle, tödliche Schläge bevorzugst und deine Feinde ausmanövrierst, ist die Schurkenklasse eine großartige Wahl. Spezialisierungen wie **Duellant** konzentrieren sich auf Ausweichen und Gegenangriffe, während **Saboteure** Fallen und Gifte verwenden, um Feinde außer Gefecht zu setzen.

Welche Klasse soll ich wählen?

- **Für Anfänger**: Die **Kriegerklasse** ist fehlerverzeihend und eignet sich hervorragend, um die Grundlagen des Kampfes zu erlernen.

- **Für fortgeschrittene Spieler:** Rogue bietet hohen Schaden, erfordert aber taktisches Denken und Positionierung.
- **Für strategische Spieler:** Die Magierklasse bietet eine breite Palette von Fähigkeiten für diejenigen, die das Schlachtfeld gerne aus der Ferne kontrollieren.

2. Wie maximiere ich Partnerbeziehungen?

Der Aufbau und die Pflege starker Beziehungen zu deinen Gefährten ist für den Erfolg in *The Veilguard* unerlässlich. Starke Beziehungen können neue Quests freischalten, die Synergie im Kampf verbessern und sogar zu Romanzen führen. So maximierst du deine Partnerbeziehungen:

- **Führe einen regelmäßigen Dialog:** Sprich oft mit deinen Gefährten, besonders nach wichtigen Story-Ereignissen. Dies wird Ihnen helfen, eine Beziehung aufzubauen und persönliche Aufgaben freizuschalten, die Ihre Beziehung vertiefen.

- **Treffen Sie Entscheidungen, die mit ihren Werten übereinstimmen**: Jeder Gefährte hat seinen eigenen moralischen Kompass und seine eigenen Werte. Achte darauf, was sie sagen und wie sie auf deine Entscheidungen reagieren. Zum Beispiel kann ein Gefährte mit einem ausgeprägten Gerechtigkeitssinn moralisch zweideutige Entscheidungen ablehnen, während ein pragmatischerer Charakter sie unterstützen kann.
- **Schließt Gefährten-Quests ab**: Jeder Gefährte hat eine persönliche Quest, die, wenn sie abgeschlossen ist, eure Bindung stärkt. Stellt sicher, dass ihr diese Quests priorisiert, wenn sie verfügbar sind, da sie oft neue Dialogoptionen oder Fähigkeiten für diesen Gefährten freischalten.
- **Geschenkartikel und günstige Handlungen**: Einige Gefährten reagieren positiv auf bestimmte Geschenke oder Handlungen. Halten Sie Ausschau nach Möglichkeiten, ihre

Ziele zu unterstützen oder ihnen sinnvolle Gegenstände zu geben, die ihre Interessen widerspiegeln.

- **Romanze mit einem Gefährten**: Wenn du eine Romanze anstrebst, baue eine hohe Zustimmung zu diesem Gefährten auf, indem du romantische Dialogoptionen auswählst, seine persönlichen Quests abschließt und Entscheidungen triffst, die ihm gutheißen.

3. Wie wirkt sich der Ruf der Fraktion auf mein Gameplay aus?

Fraktionen spielen eine wichtige Rolle in *The Veilguard* und beeinflussen deine Geschichte, deine Kämpfe und sogar die Ausrüstung, zu der du Zugang hast. So wirkt sich der Ruf der Fraktion auf euer Gameplay aus:

- **Verfügbarkeit von Quests**: Wenn du dich einer Fraktion anschließt, schaltest du bestimmte Quests frei, die möglicherweise nicht verfügbar sind, wenn du dich entscheidest, eine andere Fraktion zu unterstützen. Diese fraktionsbasierten Quests belohnen euch oft mit seltener Ausrüstung, Handwerksmaterialien oder Spezialfähigkeiten.

- **Kampfboni**: Wenn du bei Fraktionen Ansehen aufbaust, erhältst du Zugang zu fraktionsspezifischen Boni. Wenn du dich zum Beispiel mit den **Grauen Wächtern verbündest**, kannst du dich zusätzlich gegen die Dunkle Brut verteidigen, während die **Antivaner-Krähen** Tarnung und kritische Trefferboni bieten können.
- **Ausrüstung und Herstellung**: Fraktionen bieten exklusive Ausrüstung und Handwerksmaterialien über Fraktionshändler an. Je höher dein Ruf bei einer Fraktion ist, desto besser sind die Ausrüstung und die Gegenstände, die du kaufen kannst. Einige der besten Gegenstände im Spiel können nur

durch einen hohen Ruf der Fraktion freigeschaltet werden.

- **Auswirkungen auf** die Story: Deine Beziehung zu den Fraktionen kann sich auf die gesamte Handlung und den Verlauf bestimmter Ereignisse auswirken. Wenn du dich zum Beispiel auf die Seite einer moralisch fragwürdigen Fraktion stellst, kann das dazu führen, dass bestimmte Gefährten deine Motive in Frage stellen, während die Zusammenarbeit mit ehrenwerten Fraktionen zu heldenhafteren Story-Ergebnissen führen kann.

Tipp: Es ist möglich, Beziehungen zu mehreren Fraktionen aufzubauen, aber einige Entscheidungen zwingen dich dazu, eine der beiden vorzuziehen. Wähle mit Bedacht, basierend auf den Zielen deines Charakters und den Belohnungen, die dir am wichtigsten sind.

4. In welche Fähigkeiten sollte man am besten investieren?

In welche Fähigkeiten du am besten investierst, hängt von deiner Klasse und deinem Spielstil ab, aber hier sind einige allgemeine Empfehlungen für jede Klasse:

- **Krieger**:
    - **Schildblock** (Kern): Unerlässlich für das Tanken und das Absorbieren von Schaden.
    - **Spalten** (Kern): Ein starker Angriff mit hohem Schaden, der sich gut für Massenkontrolle eignet.
    - **Entschlossenheit der Vorhut** (Champion-Spezialisierung): Erhöht die Verteidigung und gewährt Heilung über Zeit.
    - **Wirbelwind** (Schlächter-Spezialisierung): Hervorragend geeignet für Flächenschaden

(Flächenschaden) in großen Schlachten.
- **Magier:**
  - **Arkanschlag** (Kern): Ein mächtiger Fernangriff mit hohem Schadensausstoß.
  - **Manaregeneration** (Kern): Stellt sicher, dass du während eines Kampfes konstant Zauber wirken kannst.
  - **Eissturm** (Beschwörer-Spezialisierung): Friert Gegner ein, was Massenkontrolle und hohen Folgeschaden ermöglicht.
  - **Donnerschlag** (Spezialisierung auf Zauberklinge): Ein verheerender Blitzangriff aus nächster Nähe.
- **Schurke:**
  - **Backstab** (Core): Ein Stealth-Angriff mit hohem Schaden, der sich ideal eignet, um einzelne Gegner schnell auszuschalten.

- **Tarnung** (Kern): Unerlässlich, um dich vor einem Angriff zu positionieren.
- **Riposte** (Duellanten-Spezialisierung): Kontert feindliche Angriffe, perfekt für schnelles, ausweichendes Gameplay.
- **Giftwolke** (Saboteur-Spezialisierung): Ein Flächenangriff, der Gruppen von Gegnern Schaden über Zeit zufügt.

Allgemeine Tipps für die Investition von Fähigkeiten:

- **Konzentriere dich früh auf die Kernfähigkeiten**: Priorisiere Fähigkeiten, die dir Vielseitigkeit im Kampf verleihen, wie Heilung, Manaregeneration oder starke normale Angriffe.
- **Später spezialisieren**: Sobald du deine Spezialisierung freigeschaltet hast, investierst du in spezialisierte Fähigkeiten, die deinen gewählten Spielstil verbessern

(Schadensausteilung, Tanken, Massenkontrolle usw.).

5. Wie schalte ich alle geheimen Orte frei?

Geheime Orte in *The Veilguard* sind im gesamten Spiel versteckt und bieten wertvolle Beute, Überlieferungen und manchmal ganze Quests, die die Geschichte beeinflussen können. So finden und entsperren Sie sie:

- **Gründlich erkunden**: Nehmen Sie sich immer die Zeit, abgelegene Gebiete zu erkunden. Viele geheime Orte sind an weniger offensichtlichen Orten versteckt, z. B. hinter Wasserfällen, in Höhlen oder auf den Gipfeln von Bergen. Nutze deine Karte und deinen Kompass, um jeden Winkel aufzuspüren.
- **Gefährtenfähigkeiten einsetzen**: Bestimmte Gefährten haben einzigartige Fähigkeiten, die es ihnen ermöglichen, versteckte Bereiche freizuschalten. Zum Beispiel **kann Bellara** magische Artefakte manipulieren und **Neve**

kann Fallen entschärfen oder versteckte Türen öffnen. Bringen Sie den richtigen Begleiter für die Arbeit mit, wenn Sie auf Erkundungstour gehen.

- **Vollständige Schatzkarten**: Einige Schatzkarten, die im Spiel gefunden werden, weisen auf geheime Orte hin. Folgen Sie den Hinweisen auf der Karte und suchen Sie nach Sehenswürdigkeiten oder Symbolen, die zur Umgebung passen. Diese führen oft zu versteckten Truhen oder seltenen Handwerksmaterialien.
- **Löse Umgebungsrätsel:** Einige geheime Orte sind hinter Rätseln verschlossen oder erfordern bestimmte Aktionen, um darauf zuzugreifen. Achte auf die Umgebung – halte Ausschau nach Hinweisen wie Hebeln, Druckplatten oder ungewöhnlichen Mustern auf dem Boden, die auf ein interaktives Rätsel hinweisen.

- **Interagiert mit Eluvianern**: Eluvianische Spiegel sind überall in Thedas und dem Nichts zu finden. Einige dieser Spiegel führen zu versteckten Bereichen oder geheimen Reichen, die wertvolle Beute oder Quests enthalten. Achten Sie darauf, jeden Spiegel zu überprüfen, auf den Sie stoßen.

Tipp: Behalte die Dialoge der NPCs im Auge, da sie oft Hinweise auf versteckte Bereiche oder Geheimnisse in der Region geben. Wenn du diesen Hinweisen folgst, kannst du verborgene Schätze oder neue Quests entdecken.

Diese FAQ soll dir helfen, dich in den wichtigsten Aspekten von *Dragon Age: The Veilguard zurechtzufinden*, von der Klassenwahl bis zum Freischalten geheimer Orte. Wenn Sie weitere Fragen haben oder weitere Details zu einem bestimmten Thema wünschen, zögern Sie nicht, uns zu fragen!

pg. 162

Kapitel 9

Trophäen und Erfolge Guide für Dragon Age: The Veilguard

Trophäen und Erfolge sind ein zentraler Bestandteil des *Dragon Age: The* Veilguard-Erlebnisses und bieten den Spielern zusätzliche Herausforderungen und Ziele, die sie im Laufe des Spiels anstreben können. Egal, ob du ein Gelegenheitsspieler oder ein Vervollständiger bist, der nach der schwer fassbaren Platin-Trophäe strebt, dieser Leitfaden bietet dir alles, was du brauchst, um jede Trophäe und jeden Erfolg freizuschalten.

Vollständige Liste aller Trophäen und Erfolge

Hier ist eine Übersicht über die Trophäen und Erfolge in *The Veilguard*, sortiert nach Typ und Schwierigkeitsgrad. Bitte beachten Sie, dass diese nach dem PlayStation-System kategorisiert sind (Trophäen: Bronze, Silber, Gold und Platin), aber auch für die entsprechenden Xbox- und Steam-Erfolge gelten.

Bronze-Trophäen/-Erfolge (Erfolge im Basis- und frühen Spiel)

1. **Erste Schritte** – Schließe die Einführungsquest in Minrathous ab.
2. **Rekrutierung von Verbündeten** – Rekrutiert euren ersten Gefährten.
3. **Rookie Adventurer** – Erreiche Level 5.
4. **Fadewalker** – Reise zum ersten Mal zum Fadede.
5. **Erstes Blut** – Besiege deinen ersten Boss.
6. **Handwerker** – Stelle deinen ersten Gegenstand an einer Handwerksstation her.
7. **Fraktionsfreund** – Erreiche eine Rufstufe bei jeder Fraktion.
8. **Gesperrt und geladen** – Rüste deine erste Rune oder Verzauberung auf einer Waffe aus.

9. **Explorer** – Entdecken Sie einen versteckten Ort.
10. **Meister der Waffen** – Schalte alle Fähigkeiten für einen Waffentyp frei.

Silberne Trophäen/Erfolge (Mid-Game und besondere Erfolge)

1. **Gefährten-Bindungen** – Maximiere deine Beziehung zu einem Gefährten.
2. **Veteranen-Abenteurer** – Erreiche Stufe 15.
3. **Die Geheimnisse des Nichts** – Schließe alle Quests ab, die mit dem Nichts zu tun haben, in einem Spieldurchgang.
4. **Meisterhandwerker** – Verbessere eine Waffe oder ein Rüstungsteil vollständig auf ihr maximales Potenzial.
5. **Romantische Geste** – Erfolgreiche Romanze mit einem Begleiter.
6. **Die große Entscheidung** – Triff eine wichtige Story-Entscheidung, die den Verlauf des Spiels verändert.

7. **Fraktionschampion** – Maximiere deinen Ruf bei jeder Fraktion.
8. **Verborgene Kräfte** – Finde und rüste eine legendäre Waffe aus.
9. **Puzzle Master** – Löse ein großes Umgebungsrätsel.
10. **Der Wiedergängertöter** – Besiege den Wiedergängerfürsten im Arlathan-Wald.

Gold-Trophäen/Erfolge (Heldentaten im späten Spiel und herausfordernde Heldentaten)

1. **Held von Thedas** – Schließe die Haupthandlung ab.
2. **Meister der Fraktionen** – Maximiere deinen Ruf bei allen Fraktionen in einem einzigen Spieldurchgang.
3. **Ultimativer Begleiter** – Maximiere die Beziehungen zu allen Gefährten.
4. **Der Dämonenjäger** – Besiege den Dämon des Bedauerns in der Prüfung des Schleierspringers.

5. **Platinsammler** – Besorge dir alle seltenen Handwerksmaterialien.
6. **Unangefochtener Champion** – Besiege alle Bosse im Spiel.
7. **Endgame-Romanze** – Schließe das Spiel ab, während du eine Romanze beibehältst.
8. **Das Licht des Schleierwächters** – Rüstet den Leuchtturm (eure Operationsbasis) vollständig auf.
9. **Alternative Zukünfte** – Schalte alle Enden frei.
10. **Der Sammler** – Finde alle Sammlerstücke im Spiel.

Platin-Trophäe/Erfolg

1. **Wächter von Thedas** – Schalte alle anderen Trophäen/Erfolge frei.

So verdienst du die Platin-Trophäe

Um die **Platin-Trophäe** (oder eine gleichwertige Errungenschaft) freizuschalten, musst du jede andere

Trophäe im Spiel abschließen. Hier ist eine Roadmap für das effiziente Freischalten aller Trophäen und Erfolge:

1. **Konzentriere dich auf den Fortschritt und die Erkundung der Story**: Während du in der Haupthandlung voranschreitest, schaltest du viele der Bronze-Trophäen frei, wie z. B. *die ersten Schritte*, die *Rekrutierung von Verbündeten* und *das erste Blut*. Nimm dir Zeit, um jedes Gebiet zu erkunden und Nebenquests abzuschließen, um Trophäen wie *Entdecker* und *verborgene Kräfte* zu erhalten.
2. **Maximiere den Ruf der Fraktion**: Entscheide schon früh im Spiel, mit welcher Fraktion du dich verbünden möchtest, und konzentriere dich auf das Abschließen ihrer Quests. Baue dir mit ihnen einen guten Ruf auf, um die *Trophäe des Fraktionschampions* freizuschalten . Sobald du eine Fraktion ausgereizt hast, arbeite an anderen, um schließlich *Meister der Fraktionen* zu werden.

3. **Entwickeln Sie Beziehungen zu Gefährten**: Stellen Sie sicher, dass Sie regelmäßig mit Ihren Gefährten sprechen, ihre persönlichen Quests abschließen und Entscheidungen treffen, die mit ihren Werten übereinstimmen, um Ihre Beziehungen zu maximieren. Ziel ist es, *im Laufe deines Fortschritts Gefährtenbande* und den *ultimativen Gefährten* freizuschalten . Vergiss nicht, einen Gefährten für Romantik zu suchen, um die *Trophäen* "Romantische Geste" *und* "Endspiel-Romanze" zu erhalten.

4. **Handwerk und Ausrüstung**: Nutze das Crafting-System, um deine Ausrüstung vollständig aufzuwerten und legendäre Gegenstände auszurüsten, um die *Trophäen "Meisterhandwerker"* und *"Verborgene Kräfte" zu* erhalten. Sammle im Laufe des Spiels Handwerksmaterialien und seltene Gegenstände, wobei du dich auf die *Platin-Sammlertrophäe* konzentrierst.

5. **Bosskämpfe und Herausforderungen**: Besiege alle wichtigen Bosse und arbeite dich durch optionale harte Kämpfe, um *die Trophäen "The Revenant Slayer", "The Demon Hunter"* und *"Undisputed Champion" freizuschalten*. Stelle sicher, dass du effektiv aufsteigst und bereite deine Gruppe auf diese schwierigen Begegnungen vor.
6. **Geheime Orte und Sammlerstücke**: Erkunde jeden Winkel von Thedas, um versteckte Orte zu entdecken und alle Sammlerstücke zu sammeln. Die *Trophäe "Der Sammler"* erfordert, dass du in jeder Region gründlich vorgehst, Umgebungsrätsel löst und verborgene Schätze aufdeckst.
7. **Mehrere Spieldurchgänge für Enden**: Du musst alle wichtigen Story-Pfade erleben, um *alternative Zukünfte freizuschalten*, wofür du alle alternativen Enden abschließen musst. Triff wichtige Story-Entscheidungen in jedem

Spieldurchgang anders, um zu sehen, wie sich die Story des Spiels verzweigt.

Kapitel 10

Geheime Trophäen und wie man sie freischaltet

Zusätzlich zu den Standard-Trophäen bietet *The Veilguard* mehrere **geheime Trophäen**, die versteckt sind und durch das Abschließen bestimmter, manchmal unerwarteter Aktionen freigeschaltet werden können.

Liste der geheimen Trophäen:

1. **Der Zorn des Schreckenswolfs** – Konfrontiere Solas in der letzten Schlacht, ohne diplomatische Optionen zu wählen.
    - **Wie man freischaltet**: Sei während des gesamten Spiels konsequent aggressiv gegenüber Solas und weigere dich, während der letzten Konfrontation zu verhandeln.

2. **Der mitfühlende Held** – Überzeuge Solas, seinen Plan aufzugeben, ohne gegen ihn zu kämpfen.
    - **Wie man freischaltet**: Konzentriere dich darauf, eine diplomatische Beziehung zu Solas aufzubauen und triff einfühlsame Entscheidungen während deiner Interaktionen mit ihm. Wähle im letzten Akt die Dialogoptionen aus, die versuchen, ihn zur Vernunft zu bringen.
3. **Geister der Vergangenheit** – Schließe alle Quests des Grauen Wächters ab und lüfte die uralten Geheimnisse des Wächters.
    - **Freischaltung**: Maximiere deinen Ruf bei den Grauen Wächtern und schließe ihre fraktionsspezifischen Quests ab. Die letzte Quest in dieser Reihe enthüllt ein verborgenes Hütergeheimnis und schaltet diese Trophäe frei.

4. **Der unsichtbare Attentäter** – Schließe ein Attentat ab, ohne entdeckt zu werden.
    - **Freischaltung**: Wenn du dich mit den **Antivan-Krähen** verbündet hast, kannst du eine ihrer Attentatsmissionen nur heimlich abschließen und ohne Kampf oder Alarm auszulösen.
5. **Veilwalker's Triumph** – Schließe das Spiel auf dem härtesten Schwierigkeitsgrad ab.
    - **Freischaltung**: Starte ein neues Spiel auf dem härtesten verfügbaren Schwierigkeitsgrad und schließe das gesamte Spiel ab, einschließlich aller Bosskämpfe und Schlüsselkämpfe, ohne den Schwierigkeitsgrad zu senken.
6. **Die Geheimnisse des Leuchtturms** – Entdecke den verborgenen Raum im Leuchtturm.

- **Wie man freischaltet:** Rüsten Sie den Leuchtturm vollständig auf und erkunden Sie alle Räume gründlich. Nach dem Upgrade wird ein versteckter Raum mit uralten Artefakten und Überlieferungen freigeschaltet, der einen entscheidenden Teil der Geschichte enthüllt.

7. **Der ultimative Baumeister** – Stelle eine legendäre Waffe nur mit seltenen Materialien her.
    - **Freischaltung:** Sammle seltene Materialien von Bossen, versteckten Bereichen und Fraktionsbelohnungen und verwende diese Materialien, um eine Waffe mit legendärem Status herzustellen.

Systemvoraussetzungen und Spieleinstellungen für Dragon Age: The Veilguard

Egal, ob du auf PC oder Konsole spielst, die Optimierung von *Dragon Age: The Veilguard* für eine reibungslose Leistung und ein fesselndes Gameplay ist entscheidend. Im Folgenden finden Sie die minimalen und empfohlenen PC-Spezifikationen, Grafikeinstellungen für eine optimierte Leistung, Konsoleneinstellungen und Tipps zum Anpassen des Schwierigkeitsgrads und der Barrierefreiheitsoptionen, um das Erlebnis an Ihre Vorlieben anzupassen.

Minimale und empfohlene PC-Spezifikationen

Bevor du in die Welt von Thedas eintauchst, solltest du sicherstellen, dass dein PC die Systemanforderungen für *Dragon Age: The Veilguard* erfüllt. Hier ist eine Aufschlüsselung der **minimalen** und **empfohlenen** Spezifikationen, um sicherzustellen, dass Ihr System das Spiel reibungslos ausführen kann.

Minimale Systemanforderungen (für grundlegende Leistung bei niedrigeren Einstellungen):

- **Betriebssystem**: Windows 10 (64-Bit) oder Windows 11 (64-Bit)
- **Prozessor**: Intel Core i5-8400 / AMD Ryzen 3 3300X
- **Arbeitsspeicher (RAM)**: 16 GB
- **Grafikkarte**: NVIDIA GTX 970 / GTX 1650 oder AMD Radeon R9 290X
- **DirectX**: Version 12
- **Speicherplatz**: 100 GB verfügbarer Speicherplatz (SSD bevorzugt, HDD unterstützt)
- **Auflösung**: 1080p bei 30 FPS mit mittleren Einstellungen

Empfohlene Systemanforderungen (für optimale Leistung bei höheren Einstellungen):

- **Betriebssystem**: Windows 10 (64-Bit) oder Windows 11 (64-Bit)
- **Prozessor**: Intel Core i7-9700K / AMD Ryzen 5 5600X
- **Arbeitsspeicher (RAM):** 16 GB oder mehr
- **Grafikkarte**: NVIDIA RTX 3060 / AMD Radeon RX 6700 XT
- **DirectX**: Version 12
- **Speicher**: 100 GB SSD
- **Auflösung**: 1440p bei 60 FPS oder höher mit hohen Einstellungen

Hinweis: Diese Spezifikationen sorgen für ein flüssiges Gameplay, aber für Spieler, die eine 4K-Auflösung mit Ultra-Einstellungen anstreben, ist möglicherweise eine höherwertige GPU (wie die NVIDIA RTX 3080 oder AMD RX 6800 XT) erforderlich.

Grafikeinstellungen für optimierte Leistung

Wenn Sie die Grafikeinstellungen für die beste Balance zwischen Leistung und visueller Wiedergabetreue optimieren möchten, finden Sie hier einige wichtige Optionen, die Sie anpassen können:

1. Lösung:

- **1080p**: Ideal für die meisten Mid-Tier-Systeme. Bietet ein ausgewogenes Verhältnis zwischen Leistung und visueller Qualität.
- **1440p**: Empfohlen für High-End-Systeme, die konstante 60 FPS aufrechterhalten können.
- **4K**: Erfordert eine leistungsstarke GPU (RTX 3080 oder höher). Verwenden Sie diese Einstellung nur, wenn Ihr System sie ohne Frame-Drops verarbeiten kann.

2. Textur-Qualität:

- **Niedrig bis Mittel**: Bei Systemen mit weniger VRAM (z. B. 4 GB) trägt dies zur Aufrechterhaltung einer stabilen Leistung bei.
- **High bis Ultra**: Bei Systemen mit mehr VRAM (z. B. 8 GB oder mehr) verbessert dies die Details in Texturen, erfordert aber mehr GPU-Leistung.

3. Anti-Aliasing:

- **FXAA**: Für Midrange-Systeme reduziert diese Option gezackte Kanten bei minimalen Leistungseinbußen.
- **TAA oder MSAA**: Hochwertigere Anti-Aliasing-Optionen, die Kanten glätten, aber die Leistung beeinträchtigen können. Verwenden Sie diese Option, wenn Ihr System damit umgehen kann.

4. Schatten und Reflexionen:

- **Niedrig bis Mittel**: Für eine verbesserte Leistung, insbesondere in Bereichen mit vielen

reflektierenden Oberflächen oder dynamischer Beleuchtung.
- **Hoch**: Verbessert den Realismus, kann aber bei älteren GPUs eine Belastung darstellen.

5. Umgebungs-Okklusion:

- **Aus oder SSAO**: Bei Systemen der unteren bis mittleren Stufe reduziert das Ausschalten oder die Verwendung von Screen Space Ambient Occlusion (SSAO) die Leistungslast.
- **HBAO+**: Bei High-End-Systemen verleiht dies Schatten und Beleuchtung Tiefe und Realismus und verbessert so die visuelle Immersion.

6. V-Synchronisation:

- **Ein**: Wenn Bildschirmrisse auftreten, aktivieren Sie V-Sync, um die Bildwiederholfrequenz mit der Bildwiederholfrequenz Ihres Monitors zu synchronisieren.

- **Aus**: Das Deaktivieren von V-Sync kann die Leistung verbessern, aber auch visuelle Artefakte wie Bildschirmrisse verursachen.

7. Begrenzung der Bildrate:

- **Uncapped**: Wenn Sie eine leistungsstarke GPU haben und die höchstmögliche Bildrate wünschen.
- **60 FPS**: Ideal für die meisten Setups und bietet ein flüssiges Gameplay, ohne das System zu überfordern.
- **30 FPS**: Wenn du ein kinoreiferes Erlebnis anstrebst oder auf minderwertiger Hardware spielst.

Tipps zur Optimierung:

- **Weniger Schatten und Reflexionen**: Dadurch können die FPS erheblich gesteigert werden, ohne die visuelle Qualität drastisch zu beeinträchtigen.

- **DLSS aktivieren (für NVIDIA-Karten):** Wenn Sie eine RTX-Karte haben, können Sie durch die Aktivierung von DLSS (Deep Learning Super Sampling) eine höhere Leistung bei minimalem visuellen Verlust erzielen, indem Sie mit einer niedrigeren Auflösung rendern und das Bild hochskalieren.
- **Bewegungsunschärfe und chromatische Aberration deaktivieren:** Diese Effekte können ein intensiveres Erlebnis schaffen, aber die Leistung und visuelle Klarheit beeinträchtigen.

Kapitel 10

Konsoleneinstellungen (PS5, Xbox Series X)

Für Spieler auf PlayStation 5 und Xbox Series X nutzt *Dragon Age: The Veilguard* die Vorteile der Next-Gen-Hardware, um hochwertige Grafik und schnelle Ladezeiten zu bieten. Hier erfahren Sie, was Sie über die Optimierung Ihrer Einstellungen auf der Konsole wissen müssen:

Optionen für den Grafikmodus:

1. **Leistungsmodus**:
    - **Ziel-Bildrate**: 60 FPS
    - **Auflösung**: Dynamisch 1440p oder niedriger
    - **Ideal für**: Spieler, die Wert auf flüssiges Gameplay statt auf visuelle

Wiedergabetreue legen, besonders in rasanten Kampfsituationen.

2. **Qualitätsmodus**:
   - **Ziel-Bildrate**: 30 FPS
   - **Auflösung**: Natives 4K
   - **Ideal für**: Spieler, die eine höhere visuelle Wiedergabetreue bevorzugen und bereit sind, etwas Bildrate gegen bessere Grafik einzutauschen, insbesondere für Erkundungen und Zwischensequenzen.

Zusätzliche Einstellungen:

- **HDR (High Dynamic Range):** Wenn du einen kompatiblen Fernseher oder Monitor hast, verbessert die Aktivierung von HDR Farben und Kontraste und macht die Welt von Thedas lebendiger und visuell atemberaubender.
- **Raytracing**: Einige Bereiche des Spiels bieten Raytracing-Optionen für realistischere Beleuchtung und Reflexionen. Aktivieren Sie

diese Option, wenn Sie im **Qualitätsmodus spielen** und einen Fernseher haben, der 4K unterstützt.

Anpassen der Schwierigkeits- und Barrierefreiheitsoptionen

Dragon Age: The Veilguard bietet mehrere Schwierigkeitsstufen und Zugänglichkeitsfunktionen, um sicherzustellen, dass Spieler aller Fähigkeitsstufen und Fähigkeiten das Spiel genießen können.

Schwierigkeitsgrade:

1. **Story-Modus**: Für Spieler, die sich auf die Erzählung konzentrieren möchten, ohne durch Kämpfe übermäßig herausgefordert zu werden. Die Feinde sind schwächer und der Kampf ist nachsichtiger.
2. **Normal**: Das Standarderlebnis für die meisten Spieler. Bietet eine ausgewogene Herausforderung mit einer Mischung aus

Kampfschwierigkeit und strategischem Denken.

3. **Schwer**: Für Spieler, die ein härteres Erlebnis wollen, verursachen Feinde mehr Schaden und Kämpfe erfordern mehr Strategie.
4. **Nightmare**: Der anspruchsvollste Schwierigkeitsgrad, der für erfahrene Spieler entwickelt wurde. Die Feinde sind deutlich stärker und das Ressourcenmanagement ist entscheidend. Ideal für Spieler, die die härtesten Begegnungen suchen.

Optionen für die Barrierefreiheit:

Um das Spiel inklusiver zu gestalten, bietet *The Veilguard* eine Vielzahl von Barrierefreiheitsfunktionen, die an die individuellen Bedürfnisse angepasst werden können.

1. **Untertitel und Untertitel:**
    - **Untertitel aktivieren**: Aktiviere die Untertitel für alle Dialoge, um der Geschichte leichter folgen zu können.

- Größe und Farbe anpassen: Passen Sie die Größe und Farbe von Untertiteln an, um die Lesbarkeit nach Ihren Vorlieben oder visuellen Bedürfnissen zu verbessern.

2. **Modi der Farbenblindheit:**
    - Das Spiel bietet verschiedene Modi, um Spielern mit verschiedenen Arten von Farbenblindheit zu helfen und die visuellen Hinweise in der Umgebung und der Benutzeroberfläche zu verbessern.

3. **Unterstützung im Kampf:**
    - **Automatisches Zielen:** Für Spieler, die Hilfe benötigen, um sich während des Kampfes auf Feinde zu konzentrieren, kann das automatische Zielen den Kampf flüssiger und weniger komplex machen.
    - **Vereinfachte Steuerung:** Eine Option, um die Anzahl der Eingaben zu

reduzieren, die für bestimmte Kampfaktionen benötigt werden, ideal für Spieler mit eingeschränkter Mobilität.

4. **Text-to-Speech und Speech-to-Text:**
   - Wenn Sie Schwierigkeiten haben, den Text auf dem Bildschirm zu lesen, enthält das Spiel eine Text-to-Speech-Option für Menüs und Dialoge. Es gibt auch eine Sprache-zu-Text-Funktion für die Eingabe von Befehlen oder die Kommunikation im Mehrspielermodus.

5. **Einstellbare Tastenbelegung:**
   - Die Spieler können das Steuerungsschema vollständig anpassen und die Tasten für Komfort und Benutzerfreundlichkeit neu zuordnen. Dies ist besonders nützlich für Spieler, die adaptive Controller verwenden oder nicht standardmäßige Layouts bevorzugen.

6. **Anpassung des Schwierigkeitsgrades:**
    - **Benutzerdefinierter Schwierigkeitsgrad:** Spieler können bestimmte Kampfeinstellungen anpassen, wie z. B. die Gesundheit der Feinde oder den Schadensausstoß, ohne den Schwierigkeitsgrad des Spiels vollständig zu ändern. Dies ermöglicht eine persönlichere Herausforderung.
    - **Tutorial- und Anleitungsoptionen:** Spieler können die Anleitung im Spiel für Rätsel und Questziele aktivieren oder deaktivieren und bei Bedarf Hilfe leisten, ohne das Spiel zu einfach zu machen.

Kapitel 11

Post-Launch-Inhalte und Updates für Dragon Age: The Veilguard

Sobald *Dragon Age: The Veilguard* veröffentlicht wird, endet die Aufregung hier nicht. Wie viele große RPGs wird das Spiel nach der Veröffentlichung Inhalte und Updates erhalten, die das Spielerlebnis um zusätzliche Geschichten, Funktionen und Verbesserungen erweitern werden. Egal, ob du dich auf DLC-Erweiterungen, kostenlose Updates oder Community-Mods freust, dieser Leitfaden bietet einen Überblick darüber, was sich für das Spiel am Horizont abzeichnet.

Kommende DLCs und Erweiterungen

BioWare und Electronic Arts haben in der Vergangenheit ihre Spiele mit umfangreichen DLC-Paketen unterstützt, die zusätzliche Handlungsstränge, Quests und Gameplay-Features bieten. Für *The Veilguard* erwartet euch nach der Veröffentlichung bedeutende Inhalte, die die Geschichte von Thedas vertiefen und neue Gebiete und Herausforderungen für die Spieler zum Erkunden hinzufügen.

1. Story-Erweiterungen

Wie bei früheren Dragon Age-Spielen wird *auch The Veilguard* voraussichtlich große Story-Erweiterungen erhalten, die auf den Ereignissen des Hauptspiels aufbauen. Diese Erweiterungen werden wahrscheinlich neue Charaktere, Fraktionen und Regionen von Thedas einführen und einen Abschluss oder zusätzlichen Kontext für die Haupthandlung bieten. Hier ist, was ihr von zukünftigen DLCs erwarten könnt:

- **Neue Regionen**: Spieler können bisher unerforschte Teile von Thedas erkunden, wie das **Tevinter-Imperium, Antiva** oder **Anderfels,** und tiefer in die Geschichte und Politik dieser Regionen eintauchen.
- **Fortsetzung der Handlung**: DLC-Pakete werden wahrscheinlich die Geschichte fortsetzen, die von Solas und den alten Göttern in Gang gesetzt wurde. Dies könnte weitere Konfrontationen mit Solas oder die Einführung neuer Antagonisten bedeuten.
- **Gefährtenspezifische Erweiterungen**: Ähnlich wie bei früheren Dragon Age-Spielen können sich einige DLCs auf einzelne Gefährten konzentrieren und neue Quests, Hintergrundgeschichten und sogar Romantikoptionen bieten.

2. Neue Klassen und Spezialisierungen

Einige DLC-Erweiterungen könnten zusätzliche Klassen oder neue Spezialisierungsoptionen für bestehende Klassen einführen, die für mehr Abwechslung und Wiederspielwert sorgen. Diese neuen Spezialisierungen könnten einzigartige Kampfmechaniken und Fähigkeiten bieten, die die Art und Weise, wie du das Spiel angehst, verändern können.

- **Mögliche neue Spezialisierungen:**
    - **Magierspezialisierung:** Eine einzigartige Magieschule wie **die Blutmagie**, die Fähigkeiten mit hohem Risiko und hoher Belohnung verleihen kann.
    - **Krieger-Spezialisierung:** Eine **Drachentöter-Klasse, die sich auf den Kampf gegen massive Feinde konzentriert und Drachenjagdwaffen einsetzt.**
    - **Schurkenspezialisierung:** Ein **Schattenattentäter**, der Tarnung mit

Magie verbindet, um Feinde auf neue Weise außer Gefecht zu setzen.

3. Neue Fraktionen und Verbündete

Erweiterungen werden wahrscheinlich neue Fraktionen mit ihren eigenen Quests, Missionen und fraktionsspezifischer Ausrüstung einführen. Die Spieler könnten sich mit mächtigen neuen Gruppen verbünden, die einzigartige Belohnungen und Spielerlebnisse bieten. Einige mögliche Fraktionen könnten sein:

- **Die Lucerni**: Ein Geheimbund innerhalb von Tevinter, der versucht, die herrschenden Magister zu stürzen und die unteren Klassen zu befreien.
- **Die Stille Schwesternschaft**: Eine mysteriöse Organisation von Kriegern und Magiern, die die größten Geheimnisse der Welt beschützen.

Erwartetes Veröffentlichungsfenster für den DLC:

Während die genauen Daten variieren können, erscheinen große Story-DLCs in der Regel in den 6-12 Monaten nach der ersten Veröffentlichung eines Spiels, wobei kleinere Inhaltspakete in regelmäßigen Abständen erscheinen.

Kostenlose Updates und Community-Mods

Zusätzlich zu den kostenpflichtigen DLC-Erweiterungen *wird The Veilguard* voraussichtlich kostenlose Updates erhalten, die das Gameplay verbessern und neue Funktionen einführen. Diese Updates stellen sicher, dass die Spieler auch ohne den Kauf von Erweiterungen ein frisches und sich weiterentwickelndes Erlebnis haben.

1. Kostenlose Updates

BioWare hat in der Vergangenheit immer wieder kostenlose Inhaltsupdates für seine Spiele veröffentlicht, oft in Form von Verbesserungen der Lebensqualität, Fehlerbehebungen und neuen

Funktionen. Folgendes können Sie wahrscheinlich von kostenlosen Updates erwarten:

- **Neue Quests und Nebengeschichten**: Kostenlose Updates können kleinere Nebenquests oder Events hinzufügen, die die Spielwelt bereichern und es den Spielern ermöglichen, neue Geschichten zu erkunden, ohne eine vollständige DLC-Erweiterung kaufen zu müssen.
- **Balance-Patches und Kampf-Updates**: BioWare wird wahrscheinlich das Feedback der Community beobachten und die Spielbalance entsprechend anpassen. Erwarten Sie Patches, um Fähigkeiten, Waffen und Schwierigkeitsgrad zu optimieren, um das Gesamterlebnis zu verbessern.
- **Neue Ausrüstung und Gegenstände**: Kostenlose Inhaltspakete könnten neue Rüstungssets, Waffen und Handwerksmaterialien einführen, um das Spiel für erfahrene Spieler frisch zu halten.

- **Saisonale Events**: BioWare kann zeitlich begrenzte Events während der Feiertage oder Jubiläen im Spiel hinzufügen, die es Spielern ermöglichen, an einzigartigen Herausforderungen teilzunehmen und exklusive Belohnungen zu verdienen.

2. Community-Mods (nur PC)

Für PC-Spieler bringt die Modding-Community oft unglaubliche zusätzliche Inhalte zu Spielen wie *Dragon Age*. Sobald *The Veilguard* veröffentlicht wird, könnt ihr euch darauf einstellen, dass Modder eine Fülle von benutzerdefinierten Inhalten erstellen, darunter:

- **Charakter-Mods**: Benutzerdefinierte Aussehen, neue Tattoos und sogar neue Gefährten können dem Spiel durch Mods hinzugefügt werden.
- **Quest- und Story-Mods**: Die Community kann benutzerdefinierte Quests und ganze Handlungsstränge entwickeln, die die Geschichte und das Gameplay weit über die offiziellen Inhalte hinaus erweitern.
- **Gameplay-Optimierungen**: Mods bieten oft Balance-Anpassungen, Schwierigkeitseinstellungen oder sogar neue

Fähigkeiten, um das gesamte Spielerlebnis zu verbessern.

- **Visuelle Verbesserungen**: Für diejenigen, die die Grafik des Spiels verbessern möchten, können Mods höher aufgelöste Texturen, verbesserte Beleuchtung und andere visuelle Upgrades einführen.

Hinweis: Stellen Sie immer sicher, dass Mods mit den neuesten Spielupdates kompatibel und ordnungsgemäß installiert sind, um Leistungsprobleme zu vermeiden.

Multiplayer- oder Koop-Funktionen (falls verfügbar)

Dragon Age: The Veilguard ist in erster Linie ein Einzelspieler-RPG, das sich auf die Reise des Spielers durch die Welt von Thedas konzentriert. BioWare hat jedoch bereits zuvor mit Multiplayer-Funktionen experimentiert, wie im *Multiplayer-Modus von*

Dragon Age: Inquisition zu sehen ist . Folgendes könnte möglich sein:

1. Multiplayer- oder Koop-Modus

Obwohl BioWare noch keinen offiziellen Multiplayer-Modus für *The Veilguard* angekündigt hat, ist es möglich, dass das Spiel ein ähnliches kooperatives Multiplayer-Feature wie *Inquisition enthalten könnte.* Wenn der Mehrspielermodus eingeführt wird, erwartet euch Folgendes:

- **Koop-Dungeon-Raids**: In einem Multiplayer-Modus können sich Spieler mit Freunden zusammenschließen, um Dungeons, Bosskämpfe und einzigartige Herausforderungen zu meistern und Belohnungen wie seltene Ausrüstung, Handwerksmaterialien und Fraktionspunkte zu erhalten.
- **Anpassbare Multiplayer-Charaktere**: Spieler können ihren eigenen benutzerdefinierten Charakter für den

Mehrspielermodus erstellen und aus verschiedenen Klassen und Spezialisierungen wählen, um verschiedene Rollen in einer Gruppe zu übernehmen.

- **Fraktionsbasierte Multiplayer-Missionen**: Wenn Fraktionen im Mehrspielermodus eine Rolle spielen, können die Spieler Missionen für ihre gewählte Fraktion annehmen und mit anderen zusammenarbeiten, um Rufpunkte und Fraktionsbelohnungen zu verdienen.

2. PvE- und PvP-Modi

- **Spieler gegen Umgebung (PvE):** Wenn es einen Mehrspielermodus gibt, wird er sich wahrscheinlich auf das PvE konzentrieren, bei dem Teams von Spielern gegen KI-gesteuerte Feinde kämpfen. Zu diesen Modi gehören wellenbasiertes Überleben, zeitlich begrenzte Missionen oder storybasierte Koop-Kampagnen.

- **Spieler gegen Spieler (PvP):** Obwohl PvP in Dragon Age-Spielen weniger verbreitet ist, könnte es als optionaler Modus hinzugefügt werden, in dem Spieler ihre Charaktere in Arenen gegeneinander antreten lassen und um Belohnungen oder Bestenlisten kämpfen.

Multiplayer-Updates und Events

Wenn ein Multiplayer-Modus enthalten ist, können Updates nach der Veröffentlichung saisonale Multiplayer-Events, Bestenlisten und neue Multiplayer-Karten enthalten, um die Spieler bei der Stange zu halten.

Die Post-Launch-Inhalte von *Dragon Age: The Veilguard* versprechen, dass die Spieler auch nach der ersten Veröffentlichung noch lange in das Spiel investiert werden. Von großen Story-Erweiterungen, die tiefer in die Welt von Thedas eintauchen, bis hin zu kostenlosen Updates, die das Spielerlebnis verbessern, gibt es jede Menge neue Inhalte zu entdecken. Und für PC-Spieler bringen Community-

Mods noch mehr Anpassungsmöglichkeiten und Wiederspielwert. Obwohl der Mehrspielermodus nicht das Hauptfeature ist, ist es möglich, dass BioWare Koop- oder PvE-Modi enthält, die Spielern, die teambasiertes Gameplay mögen, eine weitere Ebene der Spannung bieten.

Lasst es mich wissen, wenn ihr bestimmte Ideen für Erweiterungen erkunden oder weitere Updates besprechen möchtet!

Schlussfolgerung

Abschließende Tipps und fortgeschrittene Strategien für Dragon Age: The Veilguard

Wenn du dich dem Ende deiner Reise durch *Dragon Age: The Veilguard* näherst, ist es wichtig, fortgeschrittene Strategien für Kämpfe, Charakter-Builds und Endgame-Inhalte zu verstehen, um das Spiel zu meistern. Egal, ob du mehrere Durchläufe anstrebst oder einfach nur die letzten Missionen meistern willst, dieser Abschnitt bietet Expertentipps und Strategien, die dir helfen, dein Erlebnis zu maximieren und die schwierigsten Herausforderungen zu meistern.

Expertentipps für Kampf und Erkundung

Im Laufe von *The Veilguard* werden die Kämpfe immer komplexer und die Erkundung belohnt dich mit verborgenen Geheimnissen, Ausrüstung und

Überlieferungen. Hier sind fortgeschrittene Tipps, die Ihnen helfen, sich zu übertreffen:

1. Verwalte die Synergie von Gefährten im Kampf

- **Ausgewogene Gruppenzusammensetzung:** Strebe immer eine ausgewogene Gruppe an. Wenn dein Hauptcharakter zum Beispiel ein Schurke ist, der sich auf hohen Schaden konzentriert, nimm einen Krieger mit, der tankt und Schaden absorbiert, und einen Magier für Heilung und Massenkontrolle.
- **Gefährten-Kombos:** Nutze Gefährtenfähigkeiten in Verbindung mit deinen eigenen. Wenn **Neve zum Beispiel** die Zeit verlangsamen kann, nutze dieses Zeitfenster, um verheerende Angriffe mit hohem Schaden oder AoE-Zauber zu entfesseln, die sonst länger brauchen, um gewirkt zu werden.
- **Kettenfähigkeiten:** Richte Kettenkombos zwischen Gefährten ein. Lass **zum Beispiel**

Bellara (eine Magierin) einen Feind einfrieren und **dann Varric** mit einem kritischen Treffer nachsetzen, der zusätzlichen Schaden verursacht. Das Timing dieser Moves kann spielentscheidend sein, besonders in Bosskämpfen.

2. Positionierung und Geländenutzung

- **Nutze die Umgebung** aus: In vielen Schlachten kann es entscheidend sein, das Gelände zu deinem Vorteil zu nutzen. Positioniere deine Fernkämpfer (Magier und Bogenschützen) auf erhöhtem Gelände, wo sie schwerer zu erreichen sind, während deine Kriegerpanzer an der Front stehen.

- **Kiten**: Wenn du einer überwältigenden Anzahl oder harten Feinden gegenüberstehst, wende Drachentaktiken an (bei denen du angreifst, während du dich bewegst), um deine Feinde zu zermürben, während du außerhalb der Reichweite bleibst. Das funktioniert besonders gut für Schurken oder Magier, die mobil bleiben können.

3. Effizientes Ressourcenmanagement

- **Maximieren Sie die Verwendung von Tränken**: Verwenden Sie Tränke mit Bedacht, insbesondere Heil- und Manatränke. Behalte die Gesundheit und das Mananiveau deines Gefährten im Auge und fülle sie bei Bedarf wieder auf, aber vermeide es, Tränke zu früh in einem Kampf zu verwenden – hebe sie dir für kritische Momente auf.

- **Wut- und Manamanagement**: Die Verwaltung der Spezialressource deiner Klasse (Wut für Krieger, Mana für Magier usw.) ist in langen Kämpfen von entscheidender Bedeutung. Vermeide es, teure Fähigkeiten frühzeitig zu spammen. Passen Sie Ihren Verbrauch an, um sicherzustellen, dass Sie nicht zur Neige gehen, wenn Sie ihn am dringendsten benötigen.

4. Taktisches Pausieren

- **Verwende das Pausenmenü**: Scheue dich nicht, in kniffligen Kämpfen die taktische Pausenfunktion zu nutzen, um deine nächsten Schritte zu planen. Auf diese Weise kannst du Gefährten Befehle zuweisen, Fähigkeiten in der richtigen Reihenfolge einsetzen und die Heilung ohne den Druck von Echtzeitkämpfen verwalten.

- **Mitten im Kampf neu positionieren**: Nutze die Pausenfunktion, um Gefährten neu zu positionieren, wenn sie zu viel Schaden erleiden oder umzingelt werden. Wenn du sie in eine sichere Position bringst, kann das ihre Nützlichkeit im Kampf verlängern.

Fortgeschrittene Charakter-Builds

Um einen optimierten Charakter für das Endgame und die härtesten Kämpfe zu entwickeln, muss man die fortgeschrittenen Fähigkeiten und Synergien zwischen den Spezialisierungen verstehen. Hier sind einige mächtige Builds für jede Klasse:

1. Krieger: Champion-Schnitter-Build

- **Spezialisierungen**: Champion (Tank) + Sensenmann (Lebensraub DPS)
- **Schlüsselfähigkeiten**:
  - **Unaufhaltsam (Champion):** Erhöht deine Verteidigung und reduziert gleichzeitig den erlittenen Schaden, was dich zu einer unverrückbaren Kraft im Kampf macht.
  - **Sense des Schnitters**: Eine Fähigkeit mit hohem Schaden, die Gegnern Leben stiehlt und es dir ermöglicht, erheblichen Schaden zu verursachen,

während du deine Gesundheit aufrechterhältst.
- ○ **Festung**: Eine Fähigkeit, die deine Verteidigung insgesamt erhöht und dir die Möglichkeit gibt, noch mehr Schaden für längere Zeit einzustecken.
- **Spielstil**: Nutze diesen Build, um den Angriff im Kampf anzuführen, Gegner zu tanken und dabei konstanten Schaden zu verursachen. Deine Fähigkeit, Leben zu stehlen, hält dich selbst in den intensivsten Situationen am Leben, was diesen Build ideal für Spieler macht, die im Mittelpunkt des Kampfes stehen wollen.

2. Magier: Zauberklingen-Beschwörer-Build

- **Spezialisierungen**: Zauberklinge (Blitz-Nahkampf) + Beschwörer (Eis- und Feuermagie)
- **Schlüsselfähigkeiten**:

- **Donnerschlag (Zauberklinge):** Ein Blitzangriff aus Nahkampfdistanz, der Gegnern in der Nähe Flächenschaden zufügt. Nutze dies, wenn Feinde dich umschwärmen, um Platz zu schaffen.
- **Blizzard (Beschwörer):** Ein mächtiger AoE-Eiszauber, der Gegner an Ort und Stelle einfriert und es euch ermöglicht, Nahkampfangriffe mit hohem Schaden auszuführen.
- **Manaregeneration:** Diese passive Fähigkeit stellt sicher, dass du immer Mana hast, um weiterhin mächtige Zauber zu wirken.

- **Spielstil:** Dieser Hybrid-Build zeichnet sich durch die Kombination von Nahkampf mit Fernkampf aus. Nutzt **Blizzard**, um Menschenmengen zu kontrollieren, und folgt mit **Donnerschlag,** um maximalen Schaden zu verursachen. Der Schlüssel liegt darin, deine Nahkampfangriffe mit mächtigen AoE-

Zaubern auszubalancieren, um Feinde zu überwältigen.

3. Schurke: Schleier-Ranger-Saboteur-Build

- **Spezialisierungen**: Schleierwaldläufer (Magieverstärkte Tarnung) + Saboteur (Fallen und Gift)
- **Schlüsselfähigkeiten**:
    - **Schleierschlag (Schleierwaldläufer)**: Ein mächtiger Scharfschützenschuss aus großer Entfernung, der durch Magie verstärkt wird und sich ideal eignet, um Ziele mit hoher Priorität aus der Ferne auszuschalten.
    - **Poison Cloud (Saboteur):** Dieser AoE-Angriff verursacht Schaden über Zeit und eignet sich perfekt, um das Schlachtfeld zu kontrollieren und Feinde zur Bewegung zu zwingen.
    - **Ausweichen**: Eine passive Fähigkeit, die deine Ausweichchance erhöht und

es dir ermöglicht, beweglich zu bleiben und eingehenden Schaden zu vermeiden.

- **Spielstil**: Dieser Build zeichnet sich durch Hit-and-Run-Taktiken aus. Setze **Schleierschlag** ein, um Gegner aus der Ferne zu treffen, und wenn Gegner zu nahe kommen, lass **Giftwolke fallen** , um ihre Bewegung zu kontrollieren. Du bleibst mobil und schwer fassbar, während du hohen Schaden über Zeit verursachst.

Das Endgame meistern: Wie man die letzten Missionen meistert

Das Endgame in *The Veilguard* bietet einige der härtesten Kämpfe und Entscheidungen, denen du dich stellen musst, und um es zu meistern, sind Strategie, Vorbereitung und sorgfältige Entscheidungen erforderlich. So gehst du die letzten Missionen an:

1. Bereite dich mit Ausrüstung und Handwerk vor

- **Verbessere alle Ausrüstungsgegenstände**: Bevor du die letzten Missionen betrittst, stelle sicher, dass sowohl dein Hauptcharakter als auch deine Gefährten vollständig verbesserte Waffen und Rüstungen haben. Verwende die besten Materialien, die du gesammelt hast, und wende Runen oder Verzauberungen für Bonusschaden und Widerstand an.
- **Deckt euch mit Tränken ein**: Bringt jede Menge Heil-, Mana- und Stärkungstränke in die letzten Missionen. Setze sie in kritischen Momenten ein, um deiner Gruppe in langwierigen Bosskämpfen einen Vorteil zu verschaffen.

2. Achten Sie auf die Dialogoptionen

- **Letzte Entscheidungen sind wichtig**: In den letzten Missionen haben deine Entscheidungen einen erheblichen Einfluss auf den Ausgang der Geschichte, einschließlich der Frage, welche Gefährten überleben oder wie bestimmte Fraktionen reagieren werden. Wäge deine Optionen sorgfältig ab – einige Entscheidungen können dich von bestimmten Enden ausschließen.

- **Romantik und Loyalität**: Wenn du eine Beziehung zu einem Gefährten aufgebaut hast, kann dies seine Handlungen in den letzten Missionen beeinflussen. Stellt sicher, dass ihr diese Bindungen gefestigt habt, indem ihr Gefährtenquests abschließt und Dialogentscheidungen trefft, die mit ihren Werten übereinstimmen.

3. Fokussiere das Feuer in Bosskämpfen

- **Nimm die schwächsten Glieder ins Visier**: Während der letzten Missionen triffst du auf Bosse, die Vasallen beschwören oder mehrere Phasen haben. Konzentriere die Bemühungen deines Teams darauf, zuerst schwächere Feinde auszuschalten, um den erlittenen

Schaden zu reduzieren, und wende dich dann dem Boss zu.

- **Große Angriffe unterbrechen:** Viele Endgame-Bosse haben verheerende Flächenangriffe. Setze Fähigkeiten ein, die Bosse unterbrechen oder ins Taumeln bringen, um zu verhindern, dass sie deiner Gruppe massiven Schaden zufügen.

Langfristige Strategien für mehrere Durchläufe

Mit mehreren Fraktionen, Auswahlmöglichkeiten und Enden ist *The Veilguard* auf Wiederspielbarkeit ausgelegt. Hier erfährst du, wie du mehrere Durchläufe planst und alles erlebst, was das Spiel zu bieten hat.

1. Probiere verschiedene Fraktionsformationen aus

Jede Fraktion bietet einzigartige Quests, Belohnungen und Story-Ergebnisse. In einem Spieldurchgang verbündest du dich mit den **Grauen Wächtern**, um einen ehrenvolleren Weg zu finden, und in einem anderen verbündest du dich auf die Seite der **Antivan-Krähen,** um einen moralisch zweideutigen Weg voller Intrigen und Heimlichkeit zu gehen.

2. Experimentieren Sie mit verschiedenen Enden

Deine Entscheidungen bezüglich **Solas**, den alten Göttern, und deinen Gefährten werden zu mehreren alternativen Enden führen. Spielen Sie das Spiel durch und treffen Sie verschiedene Schlüsselentscheidungen, um diese verschiedenen Schlussfolgerungen zu ziehen. Zum Beispiel:

- **Diplomatische Herangehensweise:** Versuche, mit Solas über Frieden zu verhandeln und Konflikte in einem Durchgang zu vermeiden.
- **Aggressiver Ansatz:** Kämpfe gegen Solas und die Götter in einem offenen Krieg in einem anderen Krieg.

3. Fordere dich selbst mit höheren Schwierigkeitsgraden heraus

Für deinen zweiten oder dritten Spieldurchgang erhöhst du den Schwierigkeitsgrad auf **Schwer** oder **Albtraum**. Dies wird euch dazu zwingen, strategischere Ansätze für das Kampf- und Ressourcenmanagement zu verfolgen, was eine neue Herausforderung darstellt.

4. Erkunde jede verzweigte Handlung

Konzentriere dich in jedem Spieldurchgang auf die Erkundung verschiedener Gefährtenbeziehungen und Handlungsbögen. Nimm dir die Zeit, verschiedene Gefährten kennenzulernen oder Entscheidungen zu treffen, die deine Gruppendynamik verändern. Dies wird Abwechslung und neue Perspektiven in Ihr Erlebnis bringen.

Schlussfolgerung

Mit diesen Expertentipps, fortgeschrittenen Builds und Strategien bist du gut gerüstet, um die härtesten Herausforderungen in *Dragon Age: The Veilguard zu meistern* und das Beste aus der tiefgründigen und fesselnden Welt zu machen. Egal, ob du das Endgame eroberst oder alternative Story-Pfade in mehreren Durchläufen erkundest, das Spiel bietet endlose Möglichkeiten für Meisterschaft und Spaß.

Bonus-Inhalte

Bonusquests und Hidden Secrets-Bereich für Dragon Age: The Veilguard

In *Dragon Age: The Veilguard* steckt Thedas voller verborgener Schätze, geheimer Quests und Easter Eggs, die man beim ersten Durchspielen leicht übersehen kann. Um sicherzustellen, dass du das Beste aus deiner Reise herausholst, enthüllest du in diesem Abschnitt die schwer fassbaren Orte, Quests und Geheimnisse, die dein Spielerlebnis verbessern und seltene Belohnungen freischalten können.

Versteckte Orte

Im Folgenden findest du einige der verstecktesten und am schwersten zu findenden Orte in *The Veilguard*, mit einer Schritt-für-Schritt-Anleitung, wie du sie betreten kannst.

1. Die vergessene Kammer (Ort: Arlathan Forest)

- **So greifen Sie darauf** zu:
    1. Reisen Sie zum **Arlathan Forest** und begeben Sie sich in den nordwestlichen Teil der Karte.
    2. Halten Sie Ausschau nach einem großen, mit Weinreben bewachsenen Baum in der Nähe des Flussufers.
    3. Interagiere mit dem Baum, um einen versteckten Eingang freizulegen, der zu einer unterirdischen Ruine führt.
    4. Im Inneren findest du ein Puzzle mit drei Elementarkugeln. Löse das Rätsel, indem du jede Kugel auf den passenden Sockel (Feuer, Eis und Blitz) stellst.
    5. Sobald du das Problem gelöst hast, öffnet sich die Tür zur **Vergessenen Kammer** , in der du seltene Beute und versteckte Überlieferungen über die uralten Elfen von Arlathan entdeckst.

2. Der verlorene Schrein von Ghilan'nain (Ort: Die Kreuzung)

- **So greifen Sie darauf** zu:
    1. In **The Crossroads** reist du in den südlichsten Teil der Karte, wo das Nichts und Thedas aufeinandertreffen.
    2. Suchen Sie nach einem kleinen, verlassenen Lager. In der Nähe des Lagerfeuers findest du einen Schleierspiegel (Eluvian), der mit Staub bedeckt ist.
    3. Aktiviere den Spiegel, der dich in ein verborgenes Reich teleportiert.
    4. Im Inneren findest du den **Verlorenen Schrein von Ghilan'nain**, eine heilige Stätte, die einem der vergessenen Elfengötter gewidmet ist.
    5. Der Schrein enthält seltene elfische Artefakte und ein neues, mächtiges Ausrüstungsstück, das auf Magier zugeschnitten ist.

3. Die Höhle der Echos (Ort: Treviso)

- **So greifen Sie darauf** zu:
    1. Während du Treviso **erkundest**, solltest du den Marktplatz im östlichen Teil der Stadt besuchen.
    2. Hinter einem Händlerstand siehst du einen schwachen Schimmer in der Luft – eine versteckte Illusion.
    3. Interagiere mit der Illusion, um einen Höhleneingang freizulegen. Sobald du drinnen bist, wirst du mit einer Reihe von Umgebungsrätseln konfrontiert, bei denen es um Schallwellen geht (nutze **Neves** zeitverlangsamende Fähigkeit, um dem Rhythmus der Echos zu entsprechen).
    4. Wenn du diese Rätsel löst, erhältst du Zugang zur **Höhle der Echos**, wo du einen legendären Bogen und einen seltenen Begleitgegenstand für **Varric findest**.

Geheime Quests

Hier sind einige der geheimen oder optionalen Nebenquests, die du leicht verpassen kannst, die es aber wert sind, abgeschlossen zu werden, um seltene Gegenstände und zusätzliche Überlieferungen zu erhalten.

1. Quest: "Flüstern aus dem Nichts"

- **Wie man freischaltet**:
    1. Nachdem du Akt 2 erreicht hast, kehrst du zum **Leuchtturm** (deiner Operationsbasis) zurück und erkundest die Bibliothek. Dort findest du einen uralten, staubbedeckten Wälzer mit dem Titel *"Whispers from Beyond"*.
    2. Die Interaktion mit dem Buch löst die Quest aus und fordert dich auf, seltsame Geräusche und Visionen zu untersuchen, die aus dem Nichts stammen.

- **Quest-Komplettlösung:**
  1. Folge den Visionen bis **zur Kreuzung** und nutze die **Eluvianer**, um durch verschiedene Teile des Nichts zu navigieren.
  2. Löse eine Reihe von Rätseln von Geistern, die jeden Abschnitt der Quest bewachen.
  3. Am Ende stehst du einer mächtigen Wesenheit des Verblassens gegenüber, die als **"Der Wächter" bekannt ist.** Wenn du es besiegst, schaltest du ein mächtiges Artefakt frei, das dem Träger erhöhte Magieresistenz gewährt, und einen seltenen Überlieferungsgegenstand, der mit Solas' Vergangenheit verbunden ist.

2. Quest: "Ein Deal mit den Krähen"

- **Wie man freischaltet:**

1. Diese Quest ist nur verfügbar, wenn ihr euch der Fraktion **der Antivan-Krähen angeschlossen habt** . Nachdem ihr bei ihnen einen ausreichend guten Ruf erreicht habt, besucht das Hauptquartier der Fraktion in **Treviso**.
2. Dort wird **dir Mercar**, einer der Anführer der Fraktion, eine verdeckte Mission geben: Infiltriere eine Hochsicherheitsfestung und berge ein unbezahlbares Artefakt.

- **Quest-Komplettlösung**:
    1. Begebt euch zur Festung in **Hossberg**, die von von der Fäule infizierten Kreaturen schwer bewacht wird.
    2. Nutze Tarnung und Sabotage, um dich in der Festung zurechtzufinden, indem du Fallen deaktivierst und **Neves Fallen** benutzt, um Feinde zu neutralisieren, ohne Alarm auszulösen.

3. Wenn du das Artefakt zurückholst, hast du die Möglichkeit, es entweder den Krähen für eine beträchtliche Belohnung zu übergeben oder es für dich selbst zu behalten, was dir einen mächtigen Dolch mit einzigartigem Giftschaden verleiht.

3. Quest: "Das letzte Lied"

- **Wie man freischaltet**:
    1. Diese Quest wird in Akt 3 ausgelöst, wenn du eine starke Beziehung zu **Bellara** (der Magiergefährtin) aufgebaut hast. Sprich nach einem Schlüsselereignis der Geschichte mit ihr im Leuchtturm, wo sie ihr eine tiefe Verbindung zu einem uralten Lied gesteht, das im **Arlathan Forest zu hören ist**.
- **Quest-Komplettlösung**:

1. Begleiten Sie **Bellara** in den **Arlathan Forest**, wo Sie tiefere Teile des Waldes erkunden, die zuvor verschlossen waren.
2. Auf deinem Weg triffst du auf mächtige Elfengeister und Wächter, die das uralte Lied beschützen.
3. In der letzten Phase entfesselt Bellara eine verborgene Kraft in sich selbst, die ihr eine neue Zauberfähigkeit verleiht, während ihr einen einzigartigen Elfenstab erhaltet, der die Magie von 'Was' verstärkt.

Exklusive Ostereier

Im Folgenden finden Sie einige exklusive Easter Eggs und Entwicklergeheimnisse, die nur die gründlichsten Spieler finden werden. Diese zu entdecken, verleiht ihr ein Gefühl der Exklusivität und belohnt die Spieler mit Hintergrundgeschichten und einzigartigen Momenten im Spiel.

1. Der sprechende Nug (Drehort: Der Leuchtturm)

- **So finden Sie es:**
    1. Nachdem du den Leuchtturm **komplett aufgewertet hast**, besuchst du den Balkon im zweiten Stock, wo du einen kleinen, unscheinbaren Nug findest (eine kaninchenähnliche Kreatur aus Thedas).
    2. Interagiere mit dem Nugly, und er beginnt in kryptischen Rätseln zu sprechen, die sich jeweils auf unterschiedliche Momente in **Dragon Age: Origins** and **Inquisition beziehen.**
    3. Nachdem du das letzte Rätsel gelöst hast, verleiht dir der Nug einen einzigartigen Talisman, der dein Glück steigert und die Chancen erhöht, während der Erkundung seltene Beute zu finden.

2. Versteckter Entwicklerraum (Ort: Die Kreuzung)

- **So greifen Sie darauf** zu:
    1. Während deiner Reise durch **die Kreuzung** hältst du Ausschau nach einem kleinen, verblassten Wegweiser mit den Initialen der Bauherren, der in der Nähe einer eingestürzten Brücke versteckt ist.
    2. Interagiere mit dem Wegweiser, und er teleportiert dich in einen versteckten Raum, in dem du urkomische Nachrichten von den Entwicklern des Spiels findest, zusammen mit einzigartiger Ausrüstung, die sich über bestimmte Spielmechaniken lustig macht (z. B. ein Schwert mit der Beschreibung "Übermächtige Patch Notes").

3. Der Cameo-Auftritt des Schreckenswolfs (Drehort: Treviso)

- **So finden Sie es:**
  1. In **Treviso** können Sie in die örtliche Taverne gehen und sich in die Nähe des Kamins setzen. Gelegentlich hört man, wie ein Gast anfängt, von einem "Wolf zu sprechen, der im Schatten wandelt".
  2. Wenn du weiter lauschst, erscheint **Solas** selbst schließlich als schattenhafte Gestalt im Hintergrund und kündigt Ereignisse aus der nächsten Erweiterung oder dem nächsten DLC an.

Dieser *Abschnitt "Bonusquests und verborgene Geheimnisse"* bietet eine zusätzliche Ebene der Tiefe und Entdeckung für Spieler, die jeden Winkel von *Dragon Age: The Veilguard* erkunden möchten. Von versteckten Orten voller Schätze über geheime Quests, die einzigartige Belohnungen bieten, bis hin zu exklusiven Easter Eggs, die BioWares Humor und Hingabe an die Geschichte zeigen, stellt dieser Leitfaden sicher, dass du keinen der schwer fassbaren Inhalte des Spiels verpasst.

Besondere Erfolge und Trophäen-Herausforderungen Speedrun-Guide: Füge Tipps für Spieler hinzu, die sich für Speedruns im Spiel interessieren, wie z. B. die schnellsten Wege, Schlüsseltricks und störungsfreie Techniken. Herausforderungsläufe: Liefern Sie Ideen für selbst auferlegte Herausforderungen oder Einschränkungen (z. B. das Abschließen des Spiels ohne bestimmte Fähigkeiten oder ein Durchspielen ohne Heilung), um den Spielern nach Abschluss des Hauptspiels eine zusätzliche Ebene des Spaßes zu bieten.

Besondere Erfolge und Trophäen-Herausforderungen für Dragon Age: The Veilguard

Um dein Spielerlebnis auf die nächste Stufe zu heben, findest du hier einen Leitfaden für besondere Erfolge und Trophäen-Herausforderungen, die deine Fähigkeiten und Kreativität an deine Grenzen bringen können. Egal, ob du das Spiel beschleunigen willst oder nach einer einzigartigen Herausforderung suchst, diese Ideen werden dich noch lange nach Abschluss der Haupthandlung beschäftigen.

Speedrun-Anleitung

Speedrunning kann eine aufregende Möglichkeit sein, deine Meisterschaft in *Dragon Age: The Veilguard auf die Probe zu stellen.* Hier ist ein tieferer Einblick in die wichtigsten Aspekte der Optimierung Ihres Betriebs für Effizienz:

1. Konzentriere dich auf die Hauptquests

- **Identifiziere die wichtigsten Questreihen:** Nicht jede Quest ist entscheidend für den Abschluss der Haupthandlung. Listen Sie die Quests auf, die direkt mit der zentralen Geschichte verbunden sind, und folgen Sie diesen zuerst. Zum Beispiel sind Quests, die an wichtige Charaktere wie **Solas** oder den Schreckenswolf **gebunden sind**, oft der Schlüssel zum Fortschritt, während Fraktionsquests optionaler sein können.
- **Entscheidungen zu Beginn des Spiels: Wenn** Sie bestimmte Entscheidungen zu Beginn des Spiels treffen, können später schnellere Routen gesperrt oder freigeschaltet werden. Wenn du dich zum Beispiel auf die Seite einer bestimmten Fraktion stellst oder eine wichtige Quest zu einem früheren Zeitpunkt im Spiel abschließt, erhältst du in späteren Akten Zugang zu Abkürzungen.

2. Klassenwahl für Speedrunning

- **Rogue Veil Ranger**: Wie bereits erwähnt, ist die Rogue-Klasse, insbesondere die Spezialisierung Veil Ranger, aufgrund ihrer hohen Mobilität ideal für Speedruns. Im Einzelnen:
    - **Schattenschritt**: Diese Fähigkeit ermöglicht es Schurken, sich über kurze Entfernungen zu teleportieren, Umweltgefahren zu umgehen oder Feinde schnell zu erreichen.
    - **Schleierstoß**: Mit der Fähigkeit Schleierschlag kannst du Feinde aus der Ferne treffen und so die Zeit verkürzen, die du im Kampf verbringst. Mit gut platzierten Schüssen kannst du Feinde ausschalten, bevor sie sich überhaupt nähern.
- **Magier-Zauberklinge**: Eine weitere praktikable Option, besonders für Spieler, die eine Mischung aus Magie und Nahkampf bevorzugen.

- **Blinzelschlag**: Ähnlich wie die Beweglichkeit des Schurken ermöglicht dir der **Blinzelstoß der Zauberklinge**, Lücken schnell zu schließen und gleichzeitig Schaden zu verursachen.
- **Flächenschadenszauber:** Der Magier kann AoE-Zauber (Flächenzauber) wie **Blizzard** oder **Firestorm verwenden**, um Gruppen von Feinden schnell auszulöschen, sodass du dich vorwärts bewegen kannst, ohne von Mobs festgefahren zu werden.

3. Die wichtigsten Tricks für einen schnelleren Fortschritt

- **Überspringen Sie nicht wesentliche Bereiche**: Während Sie das Layout des Spiels lernen, identifizieren Sie, welche Bereiche vollständig übersprungen werden können. Zum Beispiel können einige Dungeons oder Höhlen wertvolle Beute bieten, aber wenn die Gegenstände nicht für den Fortschritt notwendig sind, solltest du sie umgehen, um Zeit zu sparen.
- **Gefährten-Schnellreise**: Einige Gefährten haben spezielle Fähigkeiten, die es dir ermöglichen, bestimmte Hindernisse zu umgehen. **Mit Neves** Zeitmanipulation kannst du zum Beispiel Rätsel schneller lösen, und **Bellaras magische** Fähigkeiten in der Umgebung können geheime Routen freischalten, die die Reisezeit halbieren.

4. Pannenfreie Techniken

- **Optimieren Sie die Kampfpausen**: Anstatt sich ausschließlich auf Echtzeitkämpfe zu verlassen, können Sie mit der Pausenfunktion schnell Aktionen an Gefährten zuweisen und Ihre Angriffe auswählen. Dies ist besonders nützlich in schwierigen Kämpfen, in denen jede Sekunde zählt.
- **Überspringen von Dialogen**: Einige Gespräche in *The Veilguard* sind langwierig, vor allem solche, die mit wichtigen Story-Entscheidungen verbunden sind. Identifizieren Sie Dialogoptionen, die zum schnellsten Fortschritt führen, und überspringen Sie unnötige Gespräche, die sich nicht auf Ihre nächste Aufgabe auswirken.

5. Die besten Bereiche, um Zeit zu sparen

- **Abkürzungen in der Stadt Treviso**: Die geschäftige Stadt **Treviso** kann ein Labyrinth für neue Spieler sein, aber Speedrunner können Abkürzungen zwischen Gebäuden, versteckten Gassen und Dächern ausnutzen. Wenn Sie wissen, wohin Sie gehen müssen, können Sie mehrere Minuten Erkundungszeit einsparen.

- **Die Kreuzung**: In **Die Kreuzung** kannst du die **Eluvianer** (Schleierspiegel) verwenden, um schnell zwischen den Zonen zu wechseln, ohne gefährliche Bereiche physisch durchqueren zu müssen. Wenn Sie die optimale Route zwischen Eluvianern kennen, wird Ihre Reisezeit erheblich verkürzt.

6. **Übung macht den Meister**

- **Routenplanung**: Bevor du deinen Speedrun startest, plane deine Route. Beobachte andere Speedrunner oder erstelle eine Roadmap mit den schnellsten Zielen. Die Karte in- und auswendig zu kennen, ist der Schlüssel, um Fehler und Zeitverluste zu reduzieren.

Herausforderungsläufe

Diese einzigartigen Herausforderungsläufe bieten eine zusätzliche Ebene des Schwierigkeitsgrads und des Spaßes für erfahrene Spieler, die ihre Fähigkeiten auf die Probe stellen möchten. Hier ist ein erweiterter Blick darauf, wie die einzelnen Durchläufe angegangen werden können:

1. Keine Heilung Herausforderung

- **Taktischer Rückzug**: In Ermangelung von Heilfähigkeiten wird der Rückzug zu einer kritischen Strategie. Halte deinen Charakter immer in der Nähe eines Ausgangs oder habe einen Plan, wie du dich aus harten Kämpfen zurückziehen kannst, wenn etwas schief geht. Nutze **Neves** Fähigkeit zur Zeitverlangsamung oder **Bellaras** Kontrollzauber, um kniffligen Situationen zu entkommen.
- **Statuseffekte**: Nutze Ausrüstung, die passive Heilung oder Schilde gewährt. Bestimmte

seltene Rüstungen oder verzauberte Gegenstände können Lebensraub gewähren oder Gesundheit im Laufe der Zeit allmählich regenerieren. Dies kann in langen Schlachten, in denen du dich nicht auf Tränke verlassen kannst, ein Lebensretter sein.

2. Permadeath-Lauf

- **Konservativer Spielstil**: Gehe immer davon aus, dass jede Schlacht deine letzte sein könnte. Nähern Sie sich Feinden aus der Ferne und nutzen Sie Fernkampfangriffe oder Stealth, um Bedrohungen einzuschätzen, bevor Sie angreifen. Halte deine Gefährten um jeden Preis am Leben, denn sie können dich in den meisten Situationen wiederbeleben, wenn etwas schief geht.
- **Defensive Fähigkeiten**: Investiere viel in defensive Fähigkeiten wie die **Schadensminderungsfähigkeiten** des Champions oder die Schildzauber **des**

Magiers. Den erlittenen Schaden zu reduzieren ist wichtiger, als in diesem Durchlauf hohen Schaden zu verursachen.

3. Fraktions-Loyalitäts-Lauf

- **Immersives Rollenspiel:** Verpflichte dich voll und ganz den Werten deiner gewählten Fraktion. Wenn du **dich zum Beispiel mit den Grauen Wächtern** verbündest, wähle im Dialog immer den ehrenvollen Weg, auch wenn dadurch bestimmte Kämpfe oder Quests erschwert werden. Bei diesem Lauf geht es sowohl um die erzählerische Immersion als auch um das Gameplay.
- **Fraktionsspezifische Belohnungen:** Jede Fraktion bietet einzigartige Ausrüstung und Fähigkeiten, die deinen Lauf beeinflussen können. Zum Beispiel **gibt die Fraktion der Trauerwache** Boni gegen Untote und Dämonen, was sie ideal für spätere

Spielinhalte macht, in denen diese Feinde häufig vorkommen.

4. Solo-Lauf ohne Begleiter

- **Für das Solospiel optimieren**: Wähle in diesem Durchlauf Fähigkeiten, die dir sowohl Angriff als auch Verteidigung bieten. Zum Beispiel kann ein Magier mit lebensraubenden oder gesundheitsregenerierenden Zaubern ein Gleichgewicht zwischen Schadensausstoß und Überleben halten, während sich ein Krieger auf selbstverstärkende Fähigkeiten wie **Unaufhaltsamkeit** konzentrieren sollte.

- **Ausrüstungsfokus**: Da du keine Gefährten hast, die Lücken füllen können, wird die Wahl deiner Ausrüstung noch wichtiger. Rüste dich mit Gegenständen aus, die deine Überlebensfähigkeit erhöhen, wie z. B. verzauberte Rüstungen, die Gesundheit oder Manaregeneration erhöhen.

5. Magicless Run (keine Zauber erlaubt)

- **Dominanz des Kriegers**: Wenn du in diesem Durchlauf als Krieger spielst, konzentriere dich auf die **Spezialisierungen Champion** oder **Schnitter**, um Schaden und Überlebensfähigkeit zu maximieren. Diese Builds bieten starke Nahkampfangriffe, ohne auf Magie angewiesen zu sein.
- **Ausweichen des Schurken**: Für Schurken ist es wichtig, mobil zu bleiben und Tarnung zu nutzen, um direkten Kämpfen aus dem Weg zu gehen. Konzentriere dich auf Ausweichfähigkeiten wie **Schattenschritt** und Pariertechniken, die auf Beweglichkeit und Präzision beruhen.

6. Minimalistischer Lauf

- **Vertrauen in die Strategie**: Ohne Zugang zu seltener oder mächtiger Ausrüstung musst du in diesem Lauf Kampfstrategien meistern. Kämpfe deine Feinde immer zu deinen eigenen Bedingungen – nutze Engpässe,

Geländevorteile und sorgfältige Planung, um stärkere Gegner zu besiegen.

- **Ausrüstungsbeschränkungen**: Halte dich während des gesamten Spiels an die grundlegendsten Rüstungen und Waffen. Du kannst sie zwar bis zu einem gewissen Grad aufwerten, aber vermeide es, seltene Materialien oder hochstufige Verzauberungen zu verwenden, um die Herausforderung intakt zu halten.

Zusätzliche Ideen für selbst gestellte Herausforderungen

Wenn du noch mehr Möglichkeiten haben möchtest, *Dragon Age: The Veilguard* auf kreative Weise zu genießen, findest du hier ein paar zusätzliche Ideen für Challenge-Runs:

7. Pazifistischer Lauf

- **Überblick**: Schließe das Spiel ab, ohne Gegner direkt zu töten. Du musst nicht-tödliche Strategien anwenden oder dich ganz auf Gefährten verlassen, um zu kämpfen.
- **Strategie**:
  - Konzentriere dich auf die Tarnung und nutze die Fähigkeiten deines Schurken oder Magiers, um den Kampf komplett zu vermeiden. Wenn ein Kampf unvermeidlich ist, lass Gefährten die schwere Arbeit machen.
  - Erfülle so viele Ziele wie möglich durch Dialog, Überzeugung oder

Einschüchterung, um Konflikte zu vermeiden.

8. Fahrt ohne Schnellreise

- **Überblick**: Schließe das Spiel ohne Schnellreise ab. Diese Herausforderung fügt einen zusätzlichen Schwierigkeitsgrad hinzu, indem du die Karte für jedes Ziel manuell durchqueren musst.
- **Strategie**:
  - Stellen Sie sicher, dass Sie Ihre Reiserouten optimieren und so viele Ziele wie möglich innerhalb desselben Gebiets erfüllen, bevor Sie weitergehen, um übermäßige Rückverfolgungen zu vermeiden.
  - Plane im Voraus – decke dich mit Tränken und Vorräten ein, da du dich nicht schnell zum Leuchtturm zurückteleportieren kannst, um Nachschub zu erhalten.

9. Only-Companion-Spieldurchgang

- **Überblick:** Lass deine Gefährten den gesamten Kampf erledigen, während du nur als Unterstützungscharakter spielst. Du darfst Feinde nicht direkt angreifen, kannst aber das Schlachtfeld heilen, stärken oder manipulieren.
- **Strategie:**
  - Wähle einen Magier mit Heil- und Unterstützungszaubern wie **Barriere** oder **Zeitverlangsamung**. Konzentriere dich darauf, deine Gefährten am Leben zu halten, während sie Schaden anrichten.
  - Verbessere die Fähigkeiten deiner Gefährten, indem du dich auf gruppenweite Buffs und Massenkontrolle konzentrierst.

Diese Speedrun-Tipps und Ideen für Challenge-Runs bieten endlose Möglichkeiten, sich mit *Dragon Age: The Veilguard zu beschäftigen*. Egal, ob du die schnellste Fertigstellungszeit anstrebst oder deine

Fähigkeiten mit kreativen Einschränkungen testest, diese Herausforderungen geben dem Spiel eine frische, aufregende Wendung. Setze diese Ideen um, um deine Verbindung zum Spiel zu vertiefen und dich von anderen Spielern abzuheben, während du die Mechanik beherrschst und neue Aspekte der reichhaltigen Welt von Thedas erkundest.

Endgame-Strategien und Postgame-Inhalte für Dragon Age: The Veilguard

Sobald du das Endgame in *Dragon Age: The Veilguard* erreicht hast, gibt es noch viel zu erkunden und zu meistern. Mit härteren Gegnern, herausfordernderen Bosskämpfen und verschiedenen möglichen Enden findest du hier einen Leitfaden zur Optimierung deiner Charakter-Builds und zur Maximierung des Wiederspielwerts, damit du auch nach dem Ende der Haupthandlung noch bei der Stange bleibst.

Endgame-Builds: Maximierung des Charakterpotenzials

Die Endgame-Inhalte in *The Veilguard* werden deine Fähigkeiten und deinen Charakter auf die Probe stellen. Hier sind spezifische Builds für jede Klasse, die dir helfen sollen, die schwierigsten Feinde und letzten Missionen zu meistern. Diese Builds konzentrieren sich auf Balance, Schadensausstoß und Überlebensfähigkeit, um sicherzustellen, dass dein Charakter für die härtesten Kämpfe vollständig optimiert ist.

1. Krieger: Champion-Schnitter-Build

- **Hauptrolle**: Panzer/DPS-Hybrid
- **Spielstil**: Dieser Build ist so konzipiert, dass er erheblichen Schaden aushält und gleichzeitig konstanten Nahkampfschaden austeilt. Die Champion-Spezialisierung ermöglicht defensives Spiel, während **Reaper**

die Lebensraub-Fähigkeiten verbessert und dich auch in längeren Kämpfen am Leben hält.

Schlüsselfähigkeiten:

- **Festung (Champion):** Stärkt deine Verteidigung und ermöglicht es dir, in Bosskämpfen Schaden zu absorbieren. Kombiniere dies mit der **Fähigkeit Unaufhaltsam**, um dich nahezu undurchdringlich zu verteidigen.
- **Sense des Schnitters (Schnitter):** Verursacht hohen Nahkampfschaden und entzieht Gegnern Gesundheit. Diese Fähigkeit ist entscheidend in Endgame-Kämpfen, in denen die Heilung begrenzt ist, da sie Selbsterhaltung bietet.
- **Abhärtung (Champion):** Erhöht deine Resistenz gegen Statuseffekte wie Betäubung oder Niederschlag und stellt sicher, dass du auch gegen harte Bosse mit

Kontrollverlustfähigkeiten im Kampf bleiben kannst.

Empfehlungen für die Ausrüstung:

- Rüstet euch Ausrüstung aus, die Gesundheit, Regeneration und Rüstung erhöht. Verwende verzauberte Runen, die zusätzlichen Widerstand gegen Elementarschaden bieten, was in Bosskämpfen im späten Spiel üblich ist.
- Halte Ausschau nach Waffen, die deine **Wuterzeugung** steigern und es dir ermöglichen, mächtige Fähigkeiten wie **die Sense des Schnitters** häufiger einzusetzen.

Endgame-Strategie:

- Führe dein Team in die Schlacht und ziehe Aggro von Feinden auf dich, während deine Gefährten aus der Ferne Schaden verursachen. Nutzt **die Sense des Schnitters**, um euch in langen Kämpfen zu heilen, und verlasst euch auf eure Tankfähigkeiten, um feindliche Angriffe zu absorbieren.

- Konzentriere dich in Bosskämpfen auf die Positionierung, um sicherzustellen, dass du schwächere Gefährten beschützt und gleichzeitig deinen Schadensausstoß maximierst.

2. Magier: Zauberklingen-Beschwörer-Build

- **Primäre Rolle**: AoE-Schaden/Nützlichkeit
- **Spielstil**: Dieser Build zeichnet sich sowohl durch Einzelziel- als auch durch Flächenschaden aus und ist in der Lage, das Schlachtfeld zu kontrollieren. Die **Spezialisierung Zauberklinge** bietet blitzbasierte Nahkampfangriffe, während sich der **Beschwörer** darauf konzentriert, große Gruppen von Gegnern mit Magie einzufrieren und zu kontrollieren.

Schlüsselfähigkeiten:

- **Donnerschlag (Zauberklinge):** Eine Nahkampffähigkeit mit hohem Schaden, die Gegner mit Blitzen trifft und Flächenschaden verursacht. Nutze dies im Nahkampf, um Gruppen schwächerer Feinde schnell zu erledigen.
- **Blizzard (Beschwörer):** Wirkt einen mächtigen AoE-Eissturm, der Gegner an Ort und Stelle einfriert. Dies ist entscheidend für die Massenkontrolle in Endgame-Kämpfen, besonders wenn du es mit großen Wellen von Feinden zu tun hast.
- **Manaschild:** Wandelt einen Teil deines Manas in einen Schild um, der dich vor erlittenem Schaden schützt. Dies ist wichtig, um lange Schlachten zu überleben, ohne ständig geheilt werden zu müssen.

Empfehlungen für die Ausrüstung:

- Konzentriere dich auf Ausrüstung, die **die Manaregeneration** und **die Zaubermacht** erhöht, sodass du häufiger Zauber mit hohen Kosten wirken kannst.

- Verwende Stäbe oder Waffen, die den Elementarschaden erhöhen, insbesondere solche mit Blitz- oder Eisverzauberungen.

Endgame-Strategie:

- Beginne Kämpfe mit dem Einsatz von **"Blizzard "**, um die Bewegung deiner Gegner zu kontrollieren, und setze **dann "Donnerschlag"** ein, um schnellen Burst-Schaden zu verursachen. Positioniere dich hinter deinen Kriegergefährten, um direkte Treffer zu vermeiden, und nutze deinen **Manaschild** , um eingehenden Schaden zu absorbieren, wenn Feinde deine Linien durchbrechen.

- In Bosskämpfen kannst du deine AoE-Zauber einsetzen, um kleinere Feinde zu erledigen, während du deine Einzelzielzauber auf den Boss konzentrierst.

3. Schurke: Schleier-Ranger-Duellant-Build

- **Hauptrolle**: Stealth-DPS/Scharfschütze
- **Spielstil**: Die Spezialisierung **des Schleierwaldläufers** bietet eine Mischung aus Fernkampfangriffen, die durch Magie verstärkt werden, während der **Duellant** Parier- und Riposte-Mechaniken mit hohem Schaden bietet. Dieser Build konzentriert sich auf Präzisionsangriffe und Ausweichen, was ihn ideal für Hit-and-Run-Taktiken im Endspiel macht.

Schlüsselfähigkeiten:

- **Schleierschlag (Schleierwaldläufer):** Ein durch Magie verstärkter Angriff mit großer Reichweite, der einem einzelnen Ziel massiven Schaden zufügt. Nutze dies, um Gegner oder Bosse mit Priorität aus der Ferne zu treffen.
- **Riposte (Duellant):** Pariert den Angriff eines Gegners und kontert mit einem Schlag mit hohem Schaden. Diese Fähigkeit hält dich im Nahkampf am Leben, während du aggressive Feinde bestrafst.
- **Ausweichen (Duellant):** Erhöht deine Ausweichchance, sodass du Schaden vermeiden kannst, während du auf dem Schlachtfeld mobil bleibst.

Empfehlungen für die Ausrüstung:

- Rüste Waffen aus, die die kritische Trefferchance erhöhen und die Tarnfähigkeiten verbessern. Haltet Ausschau nach Rüstungen mit Boni auf **Ausweichen**

oder **kritischen Schaden** , um euer Burst-Potenzial zu maximieren.
- Runen oder Verzauberungen, die **Tarnung** und **Ausweichen verbessern,** sind der Schlüssel zum Überleben ohne schwere Rüstung.

Endgame-Strategie:

- Bleiben Sie mobil und vermeiden Sie direkte Konfrontationen. Verwende **Schleierstoß,** um Gegner aus der Ferne auszuschalten, und setze **dann Riposte ein** , um Angriffe zu kontern, wenn du in den Nahkampf gezwungen wirst.
- Positioniere dich in Bosskämpfen auf Distanz und konzentriere dich darauf, kritischen Schaden zu verursachen, während du Angriffen ausweichst. Nutze Tarnung, um die Aufmerksamkeit des Feindes zu vermeiden, und positioniere dich neu, um maximalen Schaden zu verursachen.

Leitfaden für den Wiederspielwert: Optimieren mehrerer Durchläufe

Der Wiederspielwert von *Dragon Age: The Veilguard* ist eines der stärksten Merkmale, mit mehreren Fraktionen, verzweigten Handlungssträngen und unterschiedlichen Ergebnissen, die auf deinen Entscheidungen basieren. Hier erfährst du, wie du dein Spielerlebnis über mehrere Spieldurchgänge hinweg maximieren kannst.

1. Erkundung verschiedener Fraktionsformationen

Jede Fraktion in *The Veilguard* bietet einzigartige Quests, Belohnungen und Erzählpfade. Wenn du dich in jedem Spieldurchgang mit einer anderen Fraktion zusammenschließt, kannst du das Spiel aus neuen Perspektiven erleben und exklusive Ausrüstung und Handlungsstränge freischalten.

Wichtigste Fraktionen:

- **Graue Wächter**: Wenn du dich für die Grauen Wächter entscheidest, schließt du dich einer edlen, aufopferungsvollen Fraktion an. Dieser Pfad bietet Zugang zu seltenen Rüstungssets und Waffen, die den Schaden gegen die Dunkle Brut erhöhen. Darüber hinaus bieten ihre Quests tiefgründige Informationen über die Verderbnis und ihren anhaltenden Kampf.
- **Antivan Crows**: Wenn du dich mit den Crows verbündest, begibst du dich auf einen moralisch zweideutigen Weg voller

Mordmissionen und Intrigen. Du schaltest einzigartige Dolche, Gifte und Tarnfähigkeiten frei, die diese Fraktion ideal für Schurkenspieler machen.

- **Die Trauerwache**: Für Spieler, die gerne gegen übernatürliche Feinde wie Dämonen und Untote kämpfen, bietet diese Fraktion Boni auf den Schaden gegen diese Kreaturen. Ihr Handlungsbogen taucht in die mysteriöse Geschichte von Thedas und dem Schleier ein.

Fraktionen und Enden:

- Die Ausrichtung deiner Fraktion kann das Ende des Spiels erheblich beeinflussen. Wenn man sich zum Beispiel auf die Seite der **Grauen Wächter stellt,** kann dies zu einem traditionelleren, heroischeren Schluss führen, während die Allianz mit den **Antivanischen Krähen** ein dunkleres, moralisch graueres Ende freischalten kann.

- Wenn du dich mit bestimmten Fraktionen verbündest, kann sich auch deine Beziehung zu **Solas** und anderen Schlüsselcharakteren verändern, was zu verschiedenen finalen Konfrontationen oder Allianzen führt.

2. Wichtige Entscheidungen für verschiedene Enden treffen

The Veilguard verfügt über mehrere Verzweigungen, an denen deine Entscheidungen die Geschichte und das Schicksal von Thedas prägen werden. Hier erfährst du, wie du mehrere Durchläufe angehen kannst, um alle möglichen Enden zu sehen:

1. Durchspielen:

- **Heroische Route**: In deinem ersten Spieldurchgang möchtest du vielleicht als traditioneller Held spielen und Entscheidungen treffen, die mit moralischen Werten wie Ehre und Aufopferung übereinstimmen. Dies führt zu einem "leichteren" Ende, in dem du Thedas vor der drohenden Katastrophe rettest, während du starke Beziehungen zu deinen Gefährten aufrechterhältst.

2. Durchspielen:

- **Anti-Helden-Route:** Triff in diesem Spieldurchgang Entscheidungen, die eher eigennützig oder moralisch grau sind. Sich auf die Seite von Fraktionen wie den **Antivan-Krähen zu stellen** oder in Schlüsselmomenten der Geschichte egoistische Entscheidungen zu treffen, kann zu einem düstereren, komplexeren Ende führen. Du könntest zulassen, dass bestimmte Fraktionen auf Kosten anderer an die Macht kommen, was zu einer weniger idealen, aber faszinierenden Schlussfolgerung führt.

3. **Durchlauf:**

- **Chaos-Route:** Für den chaotischsten Ausgang triffst du im Laufe des Spiels unvorhersehbare Entscheidungen. Schließe dich in jedem Akt mit verschiedenen Fraktionen zusammen, verrate Gefährten und verbünde dich **in Schlüsselmomenten auf die Seite von Solas.** Dieser Weg wird das unerwartetste und einzigartigste Ende bieten, aber er kann auch Beziehungen zerbrechen und Chaos in Thedas verursachen.

3. Alternatives Ende freischalten

Bestimmte Enden können nur durch das Abschließen bestimmter Quests oder das Erreichen des maximalen Fraktionsrufs freigeschaltet werden. Zum Beispiel:

- **Solas' Erlösung**: In einigen Enden kannst du mit **Solas verhandeln**, anstatt gegen ihn zu kämpfen, aber nur, wenn du die richtigen Dialogentscheidungen getroffen und sein Vertrauen im Laufe des Spiels verdient hast.
- **Ultimatives Ende der Grauen Wächter**: Indem du maximalen Ruf bei den **Grauen Wächtern erreichst** und ihre geheime Questreihe abschließt, kannst du ein besonderes Ende freischalten, in dem die Wächter in Thedas an die Macht kommen.

pg. 269

www.ingramcontent.com/pod-product-compliance
Lightning Source LLC
Chambersburg PA
CBHW052244220526
45471CB00001B/186